좋은 삶이란 무엇인가

좋은 삶이란 무엇인가

–고난과 역경을 극복하는 삶의 기술

장영란 지음

서광사

좋은 삶이란 무엇인가

–고난과 역경을 극복하는 삶의 기술

장영란 지음

펴낸이 | 이숙
펴낸곳 | 도서출판 서광사
출판등록일 | 1977. 6. 30.
출판등록번호 | 제 406-2006-000010호

(10881) 경기도 파주시 회동길 77-12 (문발동)
대표전화 (031) 955-4331 팩시밀리 (031) 955-4336
E-mail: phil6060@naver.com
http://www.seokwangsa.co.kr | http://www.seokwangsa.kr

제1판 제1쇄 펴낸날 — 2018년 7월 30일
제1판 제2쇄 펴낸날 — 2025년 3월 30일

ISBN 978-89-306-2562-3 93190

사람들은 살고 있다.

사람들은 살아갈 것이다.

사람들은 어떻게 살아가는가?

들어가는 말

좋은 삶이란 무엇인가

한국 사회는 현대에 이르기까지 삶의 방식에 많은 변화를 겪었다. 한국 근대 이후에 한국인들은 생존하기 위해 노동력을 극대화시켜 왔다. 그렇기 때문에 여가는 일종의 사치였다. 노동을 하지 않는 것은 게으름이거나 나태함일 뿐이며 무능함이라 생각되었다. 노동을 할 수 없는 사람은 아무것도 생산할 수 없는 사람으로, 자본주의 사회에서는 아무런 효용 가치가 없는 사람으로 전락하고 만다. 그렇기 때문에 누구나 열심히 일하고 최선을 다했다. 그러나 현대에 들어오면서 과거에는 삶의 미덕으로 생각되던 노동이 극대화되는 방식에 회의가 일기 시작했다. 나이 들어 퇴직을 할 때가 되어도 결국 아무것도 남는 것이 없게 되는 상황이 벌어지기도 하고, 평생 일해서 모은 재산으로 집을 샀는데 한 순간에 집값이 폭락하는 일이 벌어지기도 하기 때문이다. 한국 사회가 정치적·경제적으로 격변기를 겪으면서, 예전처럼 누구나 노력하면 원하는 방식으로 살 수 있다는 기대가 급격히 사라졌다. 그리하여 우리의 현실적 삶과 이상적 삶의 괴리가 점차 크게 벌어지게 되었다.

한국 사회가 양극화되면서 삶의 방식에 대한 생각도 크게 변화되었다. 최근 많이 회자되었던 금수저, 은수저, 흙수저 이야기도 사실 단순히 노력만으로는 아무것도 변화될 수 없다는 자괴감에서 비롯된 것이라 할 수 있다. 전쟁 이후 한국인들은 '하면 된다'는 식의 사고방식과 행동 방식으로 폐허라는 극한 상황을 딛고 일어설 수 있었다. 하지만 이제 현실과 이상의 간극을 더 이상 좁힐 수 없다는 인식이 분명해지면서 '하면 된다'를 외치는 사람들은 점차 사라지고 있다. 가끔씩 '할 수 있다'라는 구호가 과거의 신념을 상기시키기 때문에 열광하지만 이미 '된다'라는 믿음은 제외되어 있다. 그냥 '할 수 있다'일 뿐이다. 할 수는 있지만 '된다'는 보장은 없기 때문이다.

한국 사회에는 이미 어느 정도 체념적 사고가 확산된 것으로 보인다. 만약 그렇지 않다면 한국 경제가 안정기에 접어들어 한국인들이 여유를 가지게 되면서 노동관이 달라지고 삶의 방식이 달라졌다고 말할 수밖에 없다. 최근 들어 한국 사회에는 불과 몇 년 전만 해도 예측하기 힘들었던 새로운 삶의 방식을 선택하는 사람들이 많아졌다. 사실 노동을 하는 일차적인 이유는 생존이다. 실제로 현재의 가족 부양이나 미래의 안정된 생활이 목표인 경우도 많다. 그렇지만 한국 사회가 단순히 생존을 하기 위해 노동을 필요로 하는 시기는 지났다. 단순한 생존 이외의 다양한 욕망 때문에 노동을 하게 되는 경우도 많다.

더욱이 인간이 노동 그 자체로부터 소외되는 현상이 가중되어 가면서 삶에 대한 관점에 변화가 일어났다. 불확실한 미래의 삶보다는 현재의 삶을 더 중시하고, 단 한 번뿐인 삶을 원하는 대로 살아 보자는 생각들도 점차 늘어나는 것으로 보인다. 때로는 이러한 삶의 태도가 향락주의나 한탕주의 및 허무주의 등 부정적인 현상들의 원인이 되기도 하였다. 그러나 과거와 다른 점은 '자포자기'가 아니라 '자기 존중'에 더 초점이 있다는 점이다. 아직은 이러한 삶이 많은 비중을 차지하고 있지는 않지만 특정한 삶의 방식으로 자리를 잡으면서 현대인의 관심의 대상이 되고 있다.

물론 우리가 도달하기 원하는 이상적인 삶 자체는 현실과 거리가 너무 멀고, 불확실한 미래가 오히려 현재의 삶을 압박하면서 일어난 현상일 수 있다. 그러나 그것이 중요한 점은 우리가 살아가면서 가장 중시해야 하는 사실이 무엇인지를 다시금 상기시켜 준다는 사실이다. 누구나 단 한 번뿐인 인생을 살아간다. 물론 종교관에 따라 영혼이 윤회한다고 믿는 경우가 있다. 하지만 비록 그렇다 할지라도 현생의 삶은 단 한 번뿐이다. 그렇기 때문에 우리는 어떤 삶이 최선의 삶인지를 생각하고 선택할 필요가 있다. 그렇다면 인간에게 좋은 삶은 무엇인가?

모든 사람은 좋은 삶을 살고 싶어 한다. 그렇지만 좋은 삶이 무엇인가를 정의하는 방식은 다를 수 있다. 동서양을 통해 좋은 삶을 정의하는 데 중요한 개념들이 있다. 기본적으로 우리가 '좋다'고 하는 개념은 행복, 영혼, 탁월성 또는 덕, 훈련 등과 밀접한 연관이 있다. 그리스에서 '좋음'(agathon)이란 무엇인가?[1] 소크라테스 이전까지 좋음이란 '그것이 네게 좋을 것이다'와 같이 유용성을 함축한 일상적인 의미에서 크게 벗어나지 않아 보인다. 스넬은 그리스 서사시 시대에는 좋음이 유용한 것으로 받아들여졌다고 한다. 그래서 호메로스의 경우에 무언가를 숙고한 후에 '그 편이 그에게 보다 더 이롭게 생각되었다'는 어구를 관용적으로 사용했다고 말한다.[2] 그러나 그리스철학으로 넘어가는 과정에서 '좋음'은 인간의 덕(arete)과 연관하여 영원한 행복을 추구하고 진정한 가치를 분별하면서 도덕적 의미가 부가되어 간다.[3]

특히 '좋은 삶'을 말할 때 가장 핵심적인 개념이 탁월성 또는 덕이다. 어원상 '좋은'을 의미하는 아가토스(agathos)의 비교급 아레이온(areion)에서 아레테(arete)가 유래되었다고 한다. 그렇기 때문에 '좋음'과 '탁월성' 또는 '덕'은 유사한 맥락에서 사용되는 경우가 많다. 즉 그리스어로는 아레테(arete), 라틴어로는 비르투스(virtus)라 불리며, 한자로는 덕(德)이라 불린다. 특히 서구 정신의 기원이라 할 수 있는 그리스에서 아레테(arete)는 일반적으로 '덕'(virtue)으로 번역되었지만 적절성에 대한 논란이 있다. 현대어의 '덕'(virtue)은 로마 시대의 라틴어 비르투스(virtus)에서 유래되었다. 그것은 로마 학자들이 그리스어 아레테의 번역어로 선택하면서 사용되었다. 원래 비르투스의 비르(vir)는 '남성'을 의미하며 남자다움, 특히 용기를 가리키는 말이다. 따라서 라틴어 비르투스(virtus)로 번역되면서 그리스어의 고유한 의미와의 연관성이 멀어졌다는 사실을 인정하지 않을 수 없다. 그렇지만 번역되고 통용되는 과정에서 라틴어 원어의 뜻에 그리스 아레테 개념이 일부 수용되면서 비르투스 개념도 역시 변하게 되었다.

현대의 서구 철학자들은 아레테를 '덕'으로 번역하기보다는 '탁월성'으로 번역하는 것을 선호한다. 특히 아리스토텔레스의 윤리학에서 탁월성은 인간의 기능과 밀접하게 연관되었기 때문이다. 아리스토텔레스는 인간의 기능이 '잘' 발휘된 것을 탁월성이라 하였다. 말하자면 '덕을 가진' 의사란 인품이 좋고 존경할 만한 의사가 아니라 탁월한 의술 능력을 발휘하는 의사를 가리킨다. 마찬가지로 의사의 '덕'이란 뛰어난 의술 능력을 발휘하는 것을 말한다.[4] 그렇지만 그것은 어떤 능력이나 기능을 탁월하게 발휘하는 사람뿐만 아니라 사물이나 동물에게도 사용되었다. 날이 잘 드는 칼이나 도끼, 잘 달리는 말 등에도 아레테, 즉 탁월성이나 덕이라는 용어가 사용되었다. 그래서 그리스에서 탁월성이나 덕은 도덕적 의미만 함축하지는 않는다.

사실 우리에게는 칼의 덕, 도끼의 덕, 말의 덕이라는 표현은 어색하다. 특히 한국어에서 덕이란 말은 사람에게만 사용하는 말이기 때문이다. 더욱이 그리스에서 고전적인 의미의 탁월성은 그 자체로는 '선'이나 '악'과 직접적으로 관련되지 않았다. 그것은 본래 가치중립적으로 사용되었다.[5] 탁월성이 어떤 능력이나 기능을 잘 발휘되어 '좋음'을 의미하는 것은 도덕적 의미와 다르다. 이 탁월성에 반대되는 것은 그리스어로 카키아(kakia)라고 한다. 그것은 어떤 능력이나 기능이 탁월하게 발휘되지 않은 것을 가리킨다. 국내 번역에는 '악'으로도 번역되어 있지만 '좋지 않음'이나 '나쁨', '탁월하지 않음' 정도를 의미한다. 다시 말하자면 좋음은 탁월성이 발휘된 것과 유사하다. 그렇기 때문에 고대에서 좋은 삶에 대한 논의는 탁월성 또는 덕이 핵심 개념이라 할 수 있다.

그러나 현대어로 '덕'德 또는 virtue이라 하면 이미 도덕적 가치를 포함하는 경우가 많다. 덕은 주로 미덕(美德)을 의미하며, 악덕(惡德)의 반대어다. 따라서 그것은 가치중립적이라기보다는 이미 '좋다'라는 가치를 가진다. 물론 한자어 德도 어원적으로 '悳'에서 나왔다. 『설문해자』에 따르면 "'悳'이란 밖으로는 다른 사람에게서 얻고, 안으로는 자기 자신에게서 얻는 것이다. 直과 心을 따랐다."[6] 또한 『釋名(석명)』에서도 "德이란 얻는다(得)는 뜻이니, 일과 사물의 마땅함을 얻는 것이다"고 하였다.[7] 일차적으로 선진 시대에는 가치중립적인 행위를 가리키기도 했다. 『시경』에서 덕은 가치중립적으로 사용된 경우도 많다. 물론 도덕적으로 좋은 가치를 포함하는 것으로도 사용하였다.

사실 '좋은 삶이 무엇인가'를 설명하기는 쉽지 않다. 우리는 여기에 몇 가지 이유들을 생각해 볼 수 있다. 먼저 인류 역사를 통해 좋은 삶에 대한 성찰이 철학의 핵심적 주제였기 때문에 수많은 사상가들이 다양하게 논의해 왔다. 따라서 인류의 역사에 등장하는 좋은 삶에 대한 논의들을 전체적으로 검토하는 것은 실질적으로는 어렵다. 최근에 좋은 삶에 대한 논의는 오히려 경제학이나 정치학 또는 자기계발 쪽에서 많이 다루고 있다. 현대 철학은 분과 학문으로서 세분화된 주제를 분업화해서 다루고 있어 '좋은 삶은 무엇인가'는 핵심적인 주제나 영역으로 다루어지지 않고 있다.

고대에서 다루던 좋은 삶이나 행복한 삶에 대한 철학적 논의는 주변부로 완전히 밀려나 버렸다. 지금은 좋은 삶에 대한 파편화된 이야기나 비본질적인 이야기들로 온통 채색되어 있다. 나는 '좋은 삶'에 대한 이야기는 인류의 역사 속에서 끊임없이 반복되고 있다고 생각한다. 인간이 존재하는 한 어떻게 살 것인가에 대한 성찰은 지속될 수밖에 없기 때문이다. 인간은 본성적으로 좋은 삶을 추구하기 때문이다. 그렇다면 좋은 삶에 대한 이야기가 어디서부터 어떻게 시작되는지 그 기원을 찾아보는 일부터 하는 것이 필요하다. 나는 고대 그리스 신화로부터 철학에 이르기까지 좋은 삶에 대한 사유의 기본 구도를 네 가지 주요 개념들에 초점을 맞추어 논의하고자 한다. 그것들은 '탁월성', '영혼', '훈련', '치유' 등이다.

장영란

2018.6

차례

III. 인식의 훈련과 치유

IV. 행동의 훈련과 치유

V. 헬레니즘과 초기 그리스도교의 금욕주의

I

영웅적 삶과 고난의 극복

1

좋은 삶과 탁월성의 문제

삶의 목적

인간은 누구나 태어나 살아가지만 왜 우리가 살아야 하는지를 알기는 어렵다. 그렇지만 최소한 어떻게 살아야 하며, 어떤 삶을 원하는지는 알고 있다. 그것은 간단히 말하자면 '잘 살기'를 원한다는 것이다. 사람들은 누구나 잘 살고 싶어 한다. 그래서 각자 '잘 산다'고 생각하는 삶을 선택하여 살아간다. 우리는 흔히 '잘 산다'는 것과 '좋은 삶', 그리고 '행복한 삶'을 거의 비슷하게 사용한다. 고대 그리스철학은 궁극적으로 '좋은 삶'을 목표로 삼고 있다. 그것은 인간이 철학을 하게 되는 근본적인 이유와도 연관된다. 인간은 누구나 잘 살고 싶어 하지만 항상 수많은 장벽에 부딪히게 된다. 그것은 때로는 우리 자신 때문이기도 하고, 때로는 타자와의 관계에서 비롯되기도 한다. 그 때문에 철학의 다양한 주제들은 근본적으로 '어떻게 가장 좋은 삶을 살 수 있는가' 로 돌아간다. 사람은 누구나 삶에서 가장 좋은 것을 추구한다. 나아가 결국 자신이 좋다고 생각하는 것을 추구하거나 획득하기 위해 끊임없이 노력한다.

고대로부터 인간은 가장 좋다고 생각되는 삶을 추구해 왔다. 과연 가장 좋은 삶이란 무엇일까? 옛날이나 지금이나 사람들의 주요 관심은 잘 사는 것과 관련되어 있다. 대부분 사람들은 '잘 산다' 라고 할 때 부유하게 사는 것을 가리킬 것이다. 일단 가장 쉽게 떠올리는 것은 돈이다. 왜 사람들은 돈이 많으면 행복할 것이라 생각하는가? 현대사회에서 돈이 목표인 사람도 있지만, 엄밀히 돈 자체는 아무런 가치가 없다. 돈은 욕망의 교환 수단에 불과하다. 그렇지만 모든 욕망이 돈으로 빠르게 교환이 되면, 돈이 수단이 아니라 목표가 되기 쉽다. 실제로 무수히 반복되는 경험은 돈이 수단이라는 사유 과정을 망각시켜 버리고, 결국 돈 자체가 목표가 되는 일이 발생하게 된다. 그래서 우리가 궁극적으로 추구하는 삶은 좋은 삶 또는 행복한 삶인데 사유는 목표까지 도달하지 못하고 수단에 집착하게 된다. 결국 모든 사람들은 행복한 삶을 살고 싶다고 말하지만, 실제로는 돈이 삶의 목표가 되어 버리고 만다.

미다스의 욕망과 인간의 불행

사실 프뤼기아(Phrygia)의 미다스왕의 신화는 재물에 대한 인간의 욕망을 적나라하게 보여 준다. 우리에게 미다스(Midas)왕은 만지는 것마다 금으로 변하게 하는 능력을 가진 것으로 유명하다. 미다스의 정원은 꽃잎이 풍성하고 향기가 강한 야생 장미들이 자라나는 아름다운 정원이었다.[1] 어느 날 디오니소스의 스승인 실레노스가 미다스왕의 정원에서 술에 만취한 상태로 발견되었다. 미다스왕은 실레노스를 정성껏 대접하였다. 디오니소스는 실레노스가 돌아오자 미다스왕에게 소원을 말해 보라고 했다. 미다스왕은 자신이 만지는 것마다 금이 되게 해 달라고 했다. 만약 신이 우리에게 소원을 말해 보라고 하면 우리는 각자 무엇을 말했을까? 아마 미다스왕과 비슷한 종류의 것들이 아니었을까? 미다스왕은 인간의 삶에서 가장 중요한 것을 재물로 생각하였을 뿐이다. 그래서 그가 만지는 것마다 금이 되게 해 달라고 했던 것이다. 그렇지만 가장 사랑하는 딸을 만졌다가 금으로 변하게 만드는 불행을 초래하였다.

결국 미다스왕의 꿈은 실패로 돌아갔다. 금을 만들 수 없기 때문이 아니라 금을 만들 수 있었지만 불행했기 때문이다. 그렇다면 무엇이 문제인가? 미다스왕이 궁극적으로 원했던 것은 금이 아니다. 그는 행복한 삶을 원했던 것이다. 그러나 그는 엄청난 금이나 재물이 행복한 삶에 이르는 중요한 수단이라 생각했다. 금을 많이 가지는 것이 곧 행복한 삶이라고 착각했던 것이다. 그렇지만 그것이 진정으로 좋은 삶은 아니기 때문에 예기치 못한 불행을 당하게 되었을 때 깨닫게 되었다. 그러므로 우리가 원하는 것이 다름 아닌 좋은 삶이라면, 우리가 원하는 것이 진정으로 좋은 것인지를 확인해 볼 필요가 있다. 사람들이 가장 좋은 것일 거라고 생각하는 것이 실제로 가장 좋은 것이 아닐 수 있다.

그렇다면 우리가 현재의 삶에서 좋은 삶을 살기 위해 할 수 있는 것은 무엇인가? 미다스왕이 실패하게 된 이야기에서 우리는 또 다른 교훈을 얻는다. 그것은 미다스왕이 자신의 욕망을 충족했는데도 불행하게 된 이유를 다시 검토해 볼 때 나타난다. 미다스왕이 좋은 삶이라고 생각한 것은 엄청난 금(돈)으로 넘쳐 나는 부유한 삶이다. 일반적으로 사람들이 생각하듯이 돈이 많으면 행복할 수 있다는 생각을 전제한다. 그러나 이것을 대변하는 미다스왕의 시도는 실패로 돌아갔다. 그것 때문에 자신이 가장 사랑하는 것을 잃을 수도 있기 때문이다. 만약 우리가 실패를 거듭하지 않고 싶다면 반드시 먼저 진정으로 좋은 것이 무엇인지를 검토해야 한다. 그렇다면 무엇이 좋은 삶을 만드는가? 미다스왕이 물어야 할 것은 바로 '인간에게 가장 좋은 것이 무엇인가?' 이다. 만약 그것이 무엇인지를 알고 올바로 추구한다면 이번에는 실패로 돌아가지 않을 것이다. 미다스왕의 이야기는 인간이 아무리 자신이 원하는 것을 성취한다고 하더라도, 그것이 진정으로 좋은 것이 아니라면, 결코 행복에 도달할 수는 없다는 가르침을 준다.

근본적으로 인간은 불완전한 존재이다. 호메로스(Homeros)는 인간이란 존재는 '대지를 기어 다니는 비참하고 가련한 죽을 운명을 가진 존재' 라고 말한다. 소포클레스(Sophokles)도 인간에게 최선은 태어나지 않는 것이고 차선은 죽는 것이라고 말하고 있다. 인간의 삶은 수많은 종류의 다양한 상황에 부딪치게 된다. 그러나 그것은 근본적으로 알 수 없는 것이다. 아이스킬로스(Aeschylos)는 프로메테우스가 인간을 불쌍히 여겨서 '맹목적인 희망' 을 선물로 주었다고 한다. 만약 인간이 자신의 운명을 안다면 비참하기 때문에 살아갈 힘을 갖지 못할 것이다. 그러나 인간은 맹목적인 희망을 갖고 있는 한 최선을 다해 자신의 삶을 살아가려 한다. 다행히도 인간의 삶은 항상 고통이나 불행으로 가득 차 있는 것만은 아니다. 아킬레우스가 사랑하는 아들 헥토르를 잃은 슬픔으로 괴로워하는 트로이의 프리아모스(Priamos)왕을 위로하기 위해 모든 인간의 운명은 불운과 행운이 뒤섞여 있다고 말한다. 우리는 삶 속에서 불운과 마주치기도 하고 행운과 마주치기도 한다. 어떤 사람들은 누구도 전적으로 행복할 수는 없다고 비관적으로 해석하기도 하고, 또 어떤 사람들은 언젠가 불운이 지나면 행운이나 행복도 올 것이라고 낙관적으로 해석하기도 한다.

삶의 기술로서 탁월성

고대 그리스에서 '탁월성' 또는 '덕'은 삶의 기술의 핵심적 개념이었다. 인간에게 가장 좋은 삶은 탁월성을 발휘하는 활동이기 때문이다. 탁월성은 그리스어로 아레테(arete)이며 어떤 역할이나 기능을 아주 잘 수행하는 것과 연관되어 있다. 따라서 고대 그리스에서 탁월성 또는 덕은 처음부터 도덕적인 것에만 국한된 것은 아니고, 인간의 능력이 뛰어나게 발휘되는 활동을 말한다.[2] 아리스토텔레스가 우리에게 권하는 것은 '진정으로 좋은 것'이 무엇인지를 아는 것이다. 사람들은 대개 정말 좋은 것보다는 좋아 보이는 것을 추구한다. 그러다 인생의 끝에 이르러 후회를 하게 될지라도 되돌이킬 수 없게 되기도 한다. 그렇기 때문에 우리는 먼저 '진정으로 좋은 삶이란 무엇인가?'를 고민해볼 필요가 있다. 아리스토텔레스는 "행복은 완전한 탁월성에 따른 영혼의 어떤 활동"이라고 한다. 그것은 인간의 능력이나 기능과 연관된 개념이다. 인간이 자신이 가진 능력을 가장 잘 발휘하는 것을 말한다. 훌륭한 사람은 탁월성을 갖춘 사람이라 할 수 있다.

따라서 이 장에서는 고대 그리스의 서사시에 나타난 탁월성 개념의 원형적 특징을 살펴보고 그리스철학의 주요 논의와의 연계성을 찾아보고자 한다. 먼저 고대 그리스의 탁월성의 개념과 범위를 검토하기 위해 인간의 탁월성을 '신체의' 탁월성과 '영혼의' 탁월성으로 구분하여 분석하고자 한다. 그리하여 고대 그리스인들이 가장 중시하고 있는 탁월성(arete)은 무엇이며, 그것의 특징은 무엇인지 살펴보고자 한다. 다음으로 고대 그리스 서사시의 영웅들의 행동 패턴을 분석하여 대표적인 탁월성의 종류로서 용기와 실천적 지혜를 중심으로 분석할 것이다. 마지막으로 고대 그리스 서사시의 탁월성의 목표와 조건으로 당대의 최고의 사회적 가치로서 추구되던 명예(time)와 명성(kleos)의 의미를 분석하고, 영웅의 탁월성의 조건으로 고난에 대해 분석할 것이다.

2

탁월성의 개념과 구분:
신체의 탁월성과 영혼의 탁월성

탁월성의 전형으로서의 영웅

그리스 신화에서 인간의 탁월성을 가장 잘 발휘한 인물을 "영웅"(heros)이라 한다. 그리스의 신들과 인간들은 근본적으로 서로 다른 존재들이다. 신들은 불멸하며 지복한 존재라면, 인간은 사멸하며 가련하고 비천한 존재이다. 그러나 신들과 인간들의 중간적인 존재들이 있는데 바로 영웅들이다. 보통 이 영웅들은 신과 인간이 결합하여 낳은 자식들이다. 때로는 남신이 여인과 결합하기도 하고 때로는 여신이 남자와 결합하여 낳기도 한다. 따라서 영웅들은 반신반인이라 할 수 있다. 그러나 영웅(heros)의 어원은 불분명하다. 그렇다면 그리스인들은 도대체 어떤 사람들을 영웅이라 생각하였는가? 그리스에서 영웅은 두 가지 의미로 나타난다.[1] 초기 서사시 시대에는 음유 시인이 노래하는 모든 영웅들을 가리킨다. 실제로 호메로스가 노래한 인물들은 모두 영웅이며 특히 아카이아인들을 모조리 포함한다고 할 수 있다. 그러나 후기에는 무덤에서 선한 힘 혹은 악한 힘을 발휘하고, 적절한 명예를 요구하는 죽은 사람을 말한다.[2]

그리스에서 영웅들을 숭배하는 제의는 기원전 8세기 후반으로 거슬러 올라갈 수 있다. 당시에 뮈케네(Mycene)에는 아가멤논(Agamemnon)에 대한 제의, 스파르타에는 메넬라오스(Menelaos)와 헬레네(Helene)에 대한 제의, 엘레우시스(Eleusis)에는 테베(Thebe)를 공격한 일곱 장수들에 대한 제의 등이 있었다. 그것은 서사시의 영향을 직접적으로 받은 것이라 할 수 있다.[3] 영웅들의 시대에는 인간들이 신들과 아주 친밀한 관계를 유지하고 있었다. 그들은 신들의 피를 이어받은 인간들이다. 그러나 이러한 혈통은 트로이전쟁을 마지막으로 끝난다.

파넬(Farnell)은 그리스의 남성 영웅과 여성 영웅을 다음과 같이 일곱 유형으로 구분한다. 즉 1)제의에서 기원한 이름이나 전설을 가진 신성한 유형의 남성 영웅-신들과 여성 영웅-여신들, 2)사제나 동료로서 특별한 신성과 연관되어 있는 성스러운 남성 영웅이나 여성 영웅, 3)헤라클레스, 디오스쿠로이, 아스클레피오스 같이 신들이기도 한 영웅들, 4)문화적, 기능적 영웅들, 5)전적으로 인간적 전설을 가진 서사시의 영웅들, 6)지리적, 계보학적, 시조 이름의 남성 영웅들과 여성 영웅들, 메세나와 라케다이모니아와 같이 대부분 허구적 존재들, 7)역사적이고 실존한 인물들 등으로 구별한다.[4] 그러나 파넬처럼 포괄적으로 분류하면 '영웅'이라는 표현은 하나의 통합적 의미를 획득하기 어려우며 일종의 가족 유사성만을 인정할 수 있을 뿐이다.

탁월한 인간으로서의 영웅

호메로스의 영웅들이 가진 탁월성을 분석하기 위해 먼저 '인간이란 무엇인가'에 대해 이해할 필요가 있다. 그리스 사상에서 일반적으로 인간을 설명하기 위해 영혼(psyche)과 신체(soma)로 구분한다. 영혼과 신체는 각기 고유한 능력과 기능을 가지고 있다. 따라서 영혼과 신체의 능력이나 기능이 탁월하게 발휘된 것을 각각 '영혼의 탁월성'과 '신체의 탁월성'이라 부른다. 그리스 서사시에서 영웅들에게 필요한 가장 중요한 탁월성은 무엇일까? 일반적으로 고대의 영웅들은 누구보다도 탁월한 존재이기 때문에 "반신"(half-gods)을 의미하는 헤미테오이(hemitheoi)라 불렀다. 그들은 신과 인간의 결합으로 태어난 존재들로 신적인 부모를 가졌다. 그래서 보통 사람들과 달리 영웅은 신과 같은 능력을 발휘한다. 호메로스는 영웅들을 "헤미테오스"라고 총칭하기도 했다.[5] 헤시오도스는 일반적으로 테베와 트로이에서 전사들을 "헤미테오스라 불리는 신과 같은 영웅 종족"으로 불렀다.[6] 나중에 인류의 다섯 종족에 관해 말할 때 청동 종족과 철 종족 사이에 '영웅 종족'을 포함시킨다. 플라톤도 『크라튈로스』에서 반신 영웅들(hemitheoi hoi heroes)이라는 표현을 사용한다.[7]

그러나 만약 영웅을 반신 개념으로 정의하면 상당히 제한적으로 사용될 수밖에 없다. 실제로 우리가 영웅이라 부르는 상당수의 인물들이 제외되는 문제가 생긴다. 특히 트로이전쟁의 경우에는 아킬레우스(Achilleus)나 사르페돈(Sarpedon) 등을 제외하고는 영웅이라는 호칭을 붙일 수가 없다. 그리스군의 아이아스, 오뒷세우스, 디오메데스 등과 같은 존재들이나 트로이군의 헥토르나 글라우코스 등과 같은 존재들도 영웅이라 할 수 없게 된다. 사실 영웅이라는 그리스어의 어원은 불분명하고 영웅의 범위를 어떻게 제한해야 하는가는 논란이 많다. 그러나 고대인들은 영웅을 인간의 이상형으로 보고 있다. 그렇다면 가장 전형적인 영웅들의 행적을 통해 인간의 탁월성의 기본적인 특징들을 검토해 볼 수 있을 것이다. 그리스 신화에서 트로이전쟁 이전의 전형적인 영웅이라면 헤라클레스(Herakles)이고, 트로이전쟁 이후의 전형적인 영웅이라면 아킬레우스(Achilleus)와 오뒷세우스(Odysseus)라 할 수 있다. 이들을 중심으로 신체적 탁월성과 영혼의 탁월성에 대해 어떠한 가치 평가를 했는지를 살펴볼 수 있다.

헤라클레스의 신체적 탁월성

그리스 영웅들 중에서 가장 강력한 힘을 보여 주는 헤라클레스는 신체적이고 물리적 특성들이 강조되어 있다. 그리스인들은 헤라클레스의 신체적 탁월성을 설명하기 위해 다양한 특징들을 신화적으로 묘사한다. 그리스 도상에서 헤라클레스의 전형적인 표지는 사자 가죽과 기다란 몽둥이다.[8] 헤라클레스의 기본적인 이미지는 강력한 힘을 가지고 있고 결코 패배하지 않는 자이다. 그의 모험들은 대부분 인간으로서 극복하기 힘든 고난과 역경에 관련되어 있다.[9] 헤라클레스가 대결한 네메아(Nemea)의 사자, 레르나(Lerna)의 휘드라(Hydra), 에뤼만토스(Erymanthos)의 멧돼지, 케뤼네이아(Keryneia)의 황금 뿔의 사슴, 스튐팔로스(Stymphalos)의 새들, 크레테(Krete)의 괴물 황소, 하데스(Hades)의 케르베로스(Kerberos) 등은 구체적인 형상을 가진 동물들이나 괴물들로 다양한 상징을 가진다.

헤라클레스 신화에 등장하는 괴물들은 기본적으로는 세 종류로 구분해 볼 수 있다. 첫째 인간의 신체를 기준으로 특정 부분들이 증가되거나 감소되는 특징이 있다. 하데스의 케르베로스는 머리가 3개로 그려진다. 둘째, 각 동물의 고유한 기능들이 특별한 능력을 추가로 장착되는 특징이 있다. 휘드라는 머리를 잘라 내면 두 배로 늘어나는 특징이 있다. 셋째, 동물의 몸의 외적 특징이 변형되지는 않았지만 신성한 존재에 의해 특별한 능력을 갖는 경우이다. 케뤼네이아의 황금 뿔의 사슴과 같이 한번 쫓기 시작하면 멈출 수가 없는 동물도 있고, 스튐팔로스의 새들은 아레스에 의해 인간을 잡아먹도록 길러졌고,[10] 깃털이 날카로워서 누구에게나 상처를 입혔다.[11]

영웅들의 모험에 나오는 특별한 동물이나 괴물들은 영웅들을 위협하는 존재들로 나타난다. 고대 신화에서 괴물 없는 영웅은 없다. 오이디푸스(Oedipus)에게는 스핑크스(Sphinx)가, 테세우스(Theseus)에게는 미노타우로스(Minotauros)가, 벨레로폰(Bellerophon)에게는 키마이라(Kimaira)가, 페르세우스(Perseus)에게는 메두사(Medusa) 등이 있다. 물론 트로이전쟁에서는 괴물들보다는 적군들이 영웅을 만들어 낸다. 사실 괴물이나 적군은 오히려 영웅의 능력을 탁월하게 발휘하게 만드는 주요 장치이자 증거이다. 그들이 강력하면 할수록 영웅의 탁월성은 훨씬 커진다. 헤라클레스나 오뒷세우스의 모험에 등장하는 하데스 방문과 귀환은 죽음과 같은 고난을 극복해 내는 영웅의 능력을 보여 주는 것이다. 헤라클레스는 다른 어떤 영웅들보다 강력한 신체적 힘을 통해 과업을 성공적으로 수행하는 영웅으로 비춰진다.

그렇지만 헤라클레스의 모험들을 살펴보면 단지 신체적 힘만으로 극복할 수 있는 것은 의외로 매우 적은 편이다. 실제로 영혼의 능력을 적절히 발휘해야 해결할 수 있는 경우가 많다. 가령 레르나의 휘드라를 물리치기 위해 불을 사용하거나, 스튐팔로스의 사나운 새들을 쫓기 위해 청동 딸랑이를 사용하는 등 목적에 따른 적절한 수단이나 도구를 고안해 내는 '실천적 지혜'를 발휘한다. 또한 한번 추격하기 시작하면 멈출 수 없는 황금 뿔의 사슴을 잡기 위해 1년 동안이나 쫓아다니는 엄청난 '인내'와 '끈기'를 발휘했고, 하데스에서 케르베로스를 데려오기 위해 죽음에 대한 두려움을 극복하는 '용기'를 발휘해야 했다.

핀다로스(Pindaros)가 영웅-신, 헤로스 테오스(heros theos)라 부를 만큼 헤라클레스는 분명히 인간으로 태어났지만 신처럼 숭배 받던 인물이다.[12] 그리하여 그는 신의 세계와 인간의 세계의 경계를 무너뜨리고 그리스 종교의 한계를 해체시킬 잠재력을 포함하고 있다. 헤라클레스는 진정한 의미의 '지도자' 또는 '왕'의 특징을 가지며, 인간으로서 넘어설 수 없는 죽음을 극복한 '불멸'의 인간으로 나타난다. 그는 하데스에서 케르베로스를 데려오는 모험을 통해 이미 죽음을 한번 극복하였고, 실제로 죽음 이후에도 그의 영혼이 올림포스로 올라가 신이 된 인간으로 평가된다.[13]

헤라클레스는 영웅 신화 속에서 모든 것을 지배할 수 있는 강력한 힘을 발휘할 수 있는 신체의 탁월성을 가지고 있을 뿐만 아니라 모든 난관을 타개할 수 있는 영혼의 탁월성도 가졌다. 처음에는 자신의 힘을 통제하지 못해 가족을 죽음으로 몰아넣었지만 끊임없는 고난과 역경을 통해 신체의 탁월성뿐만 아니라 영혼의 탁월성도 두루 갖춘 영웅으로 탄생하였다. 그러나 마지막 죽는 순간까지도 독이 온 몸에 스며들어 이루 말할 수 없는 고통을 견뎌 내야 했으며, 자신을 화장시킬 장작더미를 스스로 쌓아 올린 다음에야 죽을 수 있었다.[14] 헤라클레스는 인간으로 겪을 수 있는 모든 고난을 극복하여 신적인 존재가 되었다. 그가 수많은 고난과 시련을 통해 신체와 영혼의 탁월성을 획득하게 된 것은 분명하다. 그렇지만 헤라클레스 영웅 신화에는 신체의 탁월성에 비해 영혼의 탁월성에 대한 설명은 구체적이지도 않고 무엇보다도 개념화되지 않은 편이다.

트로이 영웅들의 신체적 탁월성

호메로스(Homeros)의 영웅들도 신체적으로 탁월한 존재들이다. 『일리아스』에서 아킬레우스는 반신반인으로 신적인 모습을 가지고 있다.[15] 그의 이름 앞에서 '준족의' 라는 표현이 항상 붙어 다닐 정도로 재빠르게 움직이고, 신과 같이 황금빛 머리카락을 가졌다.[16] 그 외의 다른 영웅들의 특징도 프리아모스왕이 헬레네에게 그리스 전사들에 대해 묻는 과정에서 나타난다.[17] 첫 번째 아가멤논(Agamemnon)에 대해 그리스인들 중에서 아주 잘 생기고 위엄 있으며 왕다운 풍채를 가졌다고 묘사하며 훌륭한 왕인 동시에 강력한 장수라고 설명한다. 두 번째 오뒷세우스(Odysseus)에 대해서는 아가멤논보다 머리 하나 정도 작지만 어깨와 가슴이 더 넓어 보이며 털북숭이 숫양과 같아 보인다고 묘사한다. 그러나 그는 온갖 계략과 영리한 생각을 가진 인물로 특히 그의 언변은 그의 어리숙한 외모를 상쇄할 만큼 탁월하여 좌중을 완전히 압도한다고 표현한다. 세 번째 아이아스(Aias)에 대해서는 남들보다 훨씬 키가 크고 어깨가 넓다고 묘사되나, 그리스군의 방패막이 되는 존재라고 간단히 말한다. 그러나 아이아스는 아킬레우스가 전쟁에 참여하지 않는 동안 헥토르(Hektor)가 대결을 제안할 때 대적할 수 있는 유일한 전사라고 말할 정도로 뛰어난 전투 능력을 가진 존재이다.

고대 그리스인들에게는 신체의 탁월성은 신체가 크거나 힘이 세다는 등의 단적으로 외적 특징들만을 가리키는 것은 아니며 전투 능력이나 설득 능력 등도 포함된다. 기본적으로 고대 그리스인들은 신체의 탁월성은 영혼의 탁월성을 동반한다고 생각했기 때문에, 아름답고 훌륭한 신체에 아름답고 훌륭한 영혼이 머물러 있다고 생각했다. 일반적으로 그리스 영웅들은 신체와 영혼의 아름다움이 조화를 이루는 탁월한 존재들이다. 그리스의 귀족, 즉 고귀한 사람들은 신분도 높고 외모도 아름답고 싸움도 잘하고 말도 잘하는 존재로 표현된다. 반대로 신체의 탁월성이 훌륭하지 않는 사람들은 영혼의 탁월성도 훌륭하지 않은 것으로 표현된다.

『일리아스』 제2권에서 호메로스는 아킬레우스와 싸워 혼란을 일으킨 아가멤논을 비난하였던 테르시테스(Tersites)에 대해 아주 끔찍한 외모를 선사했다. 그는 테르시테스가 "일리오스에 온 사람들 중 가장 못생긴 자로 안짱다리에 한 쪽 발을 절었고, 두 어깨는 굽어 가슴 쪽으로 오그라져 있었고 어깨 위에는 원뿔 모양의 머리가 얹혀 있었고, 거기에 가느다란 머리털이 드문드문 나 있다"고 묘사하며 외모를 격하시키고 있다.[18] 호메로스는 테르시테스가 아가멤논을 함부로 비난할 수 있을 만한 자격을 가진 존재라고 생각하지 않았다. 더욱이 그는 평소에도 아킬레우스와 오뒷세우스를 함부로 비난하여 미움을 샀었다. 이제 위기 상황에서 테르시테스가 자신의 주제도 모르고 아가멤논을 제멋대로 비난하여, 결국 오뒷세우스에게 두들겨 맞았다. 고대 그리스인들은 단순하게 영혼의 불완전성은 신체의 불완전성과 함께한다고 생각했던 것으로 보인다.

이러한 설명 방식은 그리스 서사시 시대에 신체의 아름다움과 영혼의 아름다움이 함께한다는 생각에서 비롯되지만, 그리스철학 시대에 이르면 이러한 생각에 균열이 일어나는 것을 볼 수 있다. 크세노폰(Xenophon)은 소크라테스가 들창코이고 돌출된 눈과 두꺼운 입술에 배불뚝이였다는 사실을 상세히 설명하고 있다.[19] 플라톤(Plato)은 소크라테스에 대해 매우 특별하게 생각했던 것으로 보인다. 그는 소크라테스를 전혀 폄하할 의도가 없으면서도 실레노스처럼 생겼다는 것을 아무렇지도 않게 말한다.[20] 그리스 신화속의 실레노스(Silenos)는 일반적으로 뾰쪽한 귀와 발굽과 말의 꼬리에 들창코를 가졌다.[21] 그리스 도기화에 나오는 실레노스를 보면 소크라테스와 비슷한 신체적 특징을 볼 수 있다. 플라톤은 소크라테스 같은 사람이 서로 정반대되는 영혼과 신체를 가졌다는 사실을 놀라워했던 것이 틀림없다.

영혼의 탁월성과 삶의 지혜

그렇지만 그리스 서사시가 반드시 신체의 탁월성에 따라 인간의 탁월성을 결정한 것만도 아니다. 트로이전쟁에 참여한 그리스군에서 신체적 특징만으로는 아이아스(Aias)가 가장 크고 강력한 존재였을 것이다. 아이아스는 거대할 정도로 키가 컸고, 다른 사람들은 들 수도 없는 탑과 같은 방패를 들었는데,[22] 그의 이복형제 테우크로스(Teukros)를 완전히 가릴 수 있을 정도였다.[23] 『일리아스』에서는 분명히 아이아스가 아킬레우스 다음으로 용모나 업적에 있어 가장 뛰어난 인물이라고 말한다.[24] 트로이전쟁 중 헥토르가 그리스 진영에 일대일 대결을 제의하자 처음에는 아무도 자발적으로 지원하지 않다가 네스토르(Nestor)가 질책을 하여 아홉 명의 전사가 나섰다. 그리스인들은 통상적으로 제비뽑기를 통해 대결자를 결정했지만, 처음부터 헥토르에 대적할 인물은 아킬레우스 외에 아이아스뿐이었다.[25] 실제로 아이아스가 그리스 진영에서 전투 능력과 관련해서 제2인자라는 사실은 누구도 부인할 수 없었다. 아이아스는 트로이군의 최고의 전사 헥토르와 일대일 대결에서 이미 우세하다는 것을 이미 입증하였고, 아킬레우스가 죽었을 때도 적진에서 공격을 받으면서 시신을 가져온 인물이다.[26]

그러나 아이아스는 아킬레우스의 죽음 이후에는 그의 영예로운 무구를 차지하지 못한다. 헤파이스토스(Hephaistos)가 만든 아킬레우스의 무구는 트로이전쟁에서 가장 뛰어난 활약을 했던 영웅에게 주도록 되어 있었다.[27] 그렇지만 그리스인들은 아이아스와 오뒷세우스 중에서 한 명을 선택하기가 쉽지 않았던 것으로 보인다. 트로이전쟁에서 아이아스는 아킬레우스의 사촌으로 전투력으로 본다면 제2인자라 할 수 있다. 아가멤논에게 분노한 아킬레우스가 일시 참전하지 않았을 때 트로이의 헥토르를 대적할 만한 장수는 아이아스(Aias)뿐이었다. 그런데도 오뒷세우스가 아킬레우스의 무구를 차지하게 되자 아이아스가 극도로 분노하였다. 호메로스의 『오뒷세이아』에서는 아이아스가 어떻게 죽었는지 분명하지 않지만, 소포클레스의 『아이아스』에서는 광기에 휩싸여 복수를 하려다 제정신으로 돌아온 후에 수치심으로 자살하게 된다. 사실 현존하는 판본들도 오뒷세우스가 아킬레우스의 무구를 차지했던 이유를 명쾌하게 설명하지는 못하고 있다. 오뒷세우스가 아이아스에 비해 확실히 전투력은 부족하지만 다른 부분에서 탁월했기 때문일 것이다. 여기서 비록 당시 전쟁 문화였지만 전투력 외에 다른 능력도 균형 있게 평가를 했다는 사실에 주목할 필요가 있다.

그리스 서사시 시대는 전쟁 문화가 지배적이었기 때문에 전투 능력을 강화시킬 수 있는 신체적 탁월성이 무엇보다도 중요했을 것이다. 그렇기 때문에 호메로스는 전쟁 서사시에서 탁월한 능력을 가진 영웅들을 더 구체적으로 그리기 위해 신체적 이미지를 극대화하였다. 그러나 호메로스는 오뒷세우스 같이 신체적인 측면은 크게 뛰어나지 않지만 영리하고 계책에 뛰어난 사람의 영혼의 탁월성도 중요시한다. 오뒷세우스는 상황이 무엇을 요구하는지를 정확히 이해하고 판단하여 행동하는 일종의 실천적 지혜를 가졌다. 아킬레우스가 아가멤논으로 대표되는 기존 사회에 대해 비판적이었던 반면에, 오뒷세우스는 기존 사회에 순응적인 인물이었다.[28] 오뒷세우스는 『일리아스』에서 전쟁과 관련하여 가장 탁월한 능력을 발휘하는 아킬레우스에 밀려 있기는 하지만, 『오뒷세이아』(*Odysseia*)에서는 '귀향'과 관련하여 가장 중요한 인물로 자리매김하고 있다.

3

영웅적 탁월성의 종류: 용기와 실천적 지혜

인간의 탁월성의 종류

고대 그리스 서사시에서 나타난 인간 영혼의 탁월성에 대한 원형적 개념을 발견하기 위한 철학적 장치들을 활용하고자 한다. 기본적으로 그리스철학은 탁월성을 인간의 능력에 따라 구분하고 있다. 플라톤은 인간 영혼을 이성(logistikon)과 기개(thymos) 및 욕망(epithymetikon) 등 세 부분으로 구분한다. 이성은 배우는 부분이며, 기개는 격정을 느끼는 부분이고, 욕망은 여러 종류라 이름 붙이기 어렵지만 온갖 욕구들과 관련되어 있다.[1] 이성이 탁월하게 발휘되면 '지혜'(sophia)라는 탁월성에 도달하고, 기개가 탁월하게 발휘되면 '용기'(andreia)라는 탁월성에 도달하며, 욕망이 탁월하게 발휘되면 '절제'(sophrosyne)라는 탁월성에 도달한다. 또한 이 세 가지 능력들이 서로 질서(kosmos)와 조화(harmonia)를 이룰 때 '올바름' 또는 '정의'(dikaiosyne)라는 탁월성에 도달한다. 아리스토텔레스도 인간 영혼을 이성적인 부분과 비이성적인 부분으로 구분하고, 다시 지성의 탁월성과 성품의 탁월성으로 구분한다.[2] 지성의 탁월성으로는 지혜, 이해력, 실천적 지혜 등이 있고, 성품의 탁월성으로 용기, 절제, 자유인다움, 온화 등이 있다.

호메로스의 영웅들에게 요청되던 가장 중요한 영혼의 탁월성은 무엇이었을까? 그리스 상고기는 전쟁 문화가 지배적이던 시대이었다. 전쟁 문화에서 전사 계층의 영웅들은 국가를 수호하는 매우 중요한 역할을 맡았다. 특히 『일리아스』의 영웅에게 요청되던 가장 중요한 탁월성은 무엇일까? 그것은 무엇보다도 '용기'(andreia)였을 것이다. 플라톤은 『국가』에서 국가 구성원을 통치자 계층, 수호자 계층, 생산자 계층 등으로 구분하였다. 그는 생산자 계층에게는 절제, 수호자 계층에게는 용기, 통치자 계층에게는 지혜라는 탁월성을 주요 덕목으로 삼았다. 플라톤 자신은 지혜가 가장 중요하다고 생각했지만, 호메로스 시대의 탁월성인 '용기'도 매우 중요하게 평가한다. 그는 국가를 지배하는 데 용기라는 탁월성을 가진 수호자 계층을 통치자 계층과 통합시켜 논의하는 경우가 많았다. 그럼에도 불구하고 플라톤이 '지혜'(sophia)를 국가의 통치자 계층이 갖춰야 할 최고의 탁월성으로 삼았다는 사실은 매우 중요하다. 그러면 먼저 그리스 서사시에서 대표적인 영혼의 탁월성으로 격정을 지배하는 힘과 죽음의 두려움을 극복하는 용기, 그리고 현실적 삶의 실천적 지혜가 어떻게 인식되고 있었는지를 호메로스의 영웅들을 통해 살펴보려 한다.

자제력과 격정의 지배

우선 아킬레우스와 오뒷세우스가 보여 주는 격정(thymos)을 지배하는 힘을 검토해 볼 수 있다. 아킬레우스는 아가멤논과의 분쟁에서 분노가 극에 달해 칼을 뽑아 드는 순간에 아가멤논을 죽일 것인가, 아니면 분노를 억누르고 마음을 진정시킬 것인가를 고민하였다. 그리스 진영에 퍼져 나간 역병의 원인을 찾는 과정에서 아가멤논의 오만으로 아폴론의 분노를 산 것을 알고 아폴론 사제의 딸 크뤼세이스(Chryseis)를 돌려줄 것을 부탁하고 나중에 몇 배의 전리품을 차지할 수 있도록 하겠다는 제안을 한다. 그렇지만 아가멤논이 다른 영웅들의 전리품을 당장 빼앗겠다는 몰염치한 주장을 강권하면서 아킬레우스의 분노를 일으켰다. 호메로스는 이 때 아테나가 지상으로 하강하여 아킬레우스를 설득했다고 설명한다. 아테나 여신이 아킬레우스를 찾은 목적은 바로 아킬레우스의 분노를 진정시키기 위해서였다.[3] 그리스 서사시에 신들이 등장하는 장면은 기본적으로 상황을 전환시킬 놀라운 생각이나 중대한 판단을 해야 할 순간, 또는 우리의 의지에 달려 있지 않는 사건이 일어나는 순간인 경우가 많다. 아킬레우스는 누구도 억제시킬 수 없는 분노를 놀랄 만한 자제력을 발휘하여 억누르면서 돌아갔지만, 더 이상 전쟁에는 참여하지 않겠다고 선포했다.

오뒷세우스도 역시 자신의 격정을 통제할 수 있는 놀라운 자제력을 보여 준다. 『오뒷세이아』 제4권에서 트로이 목마에 숨어 때를 기다리던 그리스군에게 헬레네(Helene)가 다가와 각자의 아내의 목소리로 이름을 부르는 장면이 나온다. 다른 그리스 전사들은 모두 목마 밖으로 튀어 나가려고 했지만 오뒷세우스만이 사람들을 붙들고 입을 틀어막아 들키지 않아 목숨을 보전했던 것으로 나온다.[4] 제20권에서도 오뒷세우스는 궁전의 시녀들이 페넬로페(Penelope)의 구혼자들과 부적절한 관계를 맺으며 수치심 없이 떠들어 대는 것을 보고 격분하였지만 참아 냈다.[5]

오뒷세우스는 가슴을 치며 심장을 꾸짖었다.
"참아라, 심장(kradie)이여, 너는 통제할 수 없던 퀴클롭스가
나의 막강한 전우들을 먹었을 때, 훨씬 심한 일도 참아 내지 않았는가!"

오뒷세우스는 이미 폴뤼페모스라 불리던 퀴클롭스가 바로 눈앞에서 자신의 동료들을 잡아먹는데도 아무것도 할 수 없었던 때를 회상하면서 스스로 참아야 한다고 다짐하고 있다. 가장 인간적인 영웅으로 자신의 궁극적 목표를 위해 인내와 끈기를 가지고 최선의 노력을 하며 절제심과 자제력을 발휘하였다.

용기와 두려움의 극복

다음으로 호메로스 영웅들의 탁월성으로 가장 중요하게 논의되는 '용기' (andreia)를 살펴보겠다. 용기는 두려움과 관련이 있다. 우리는 흔히 가난이나 질병, 불명예나 죽음 같은 것을 두려워한다. 그러나 가난과 질병은 두려워할 만한 것이 아니다. 왜냐하면 그것들은 우리 자신으로부터 나온 것이 아니기 때문이다. 아리스토텔레스는 인간에게 가장 두려운 것은 죽음이라고 한다. 왜냐하면 죽음은 끝이며 죽은 자에게는 좋은 것이든 나쁜 것이든 아무것도 아니기 때문이다.[6] 그는 모든 죽음이 용기와 관련된 것은 아니지만 가장 고귀한 죽음은 전쟁에서의 죽음이라고 한다. 플라톤은 『국가』에서 용기의 탁월성을 훈련시키기 위해 죽음을 두려워하지 않게 만드는 이야기를 들려주어야 한다고 말한다.[7]

사실 호메로스의 영웅들이 전혀 두려움이 없는 사람이라고 말할 수는 없다. 만약 아무것도 두려워하지 않을 수 있는 존재가 있다면 신이

아니면 바보일 것이다. 플라톤이 정의하는 용기는 두려움이 전혀 없는 것이 아니라 '무엇을 두려워하고 두려워하지 말아야 할지를 아는 것'이다.[8] 호메로스의 영웅들도 두려움이 없는 인간들이 아니라, 두렵지만 두려움을 극복한 인간들이다. 트로이 동맹군 중 사르페돈(Sarpedon)은 글라우코스(Glaukos)에게 다음과 같이 말한다.[9]

"친구여! 만일 우리가 이 전쟁에서 도망쳐
영원히 늙지도 죽지도 않을 수 있다면
나 자신도 선봉에 서서 싸우지 않을 것이네.
또 남자에게 명성을 주는 싸움터로 그대를 보내지 않을 것이네.
그러나 피할 수도 벗어날 수도 없는 수많은 죽음의 영들(keres)이
우리를 따라붙고 있으니, 이제, 나갑시다.
우리가 적에게 명성을 주든 아니면 적이 우리에게 명성을 주든."

사르페돈은 인간이란 죽음을 피할 수 없는 존재라고 한다. 우리가 삶 속에서 수많은 죽음의 위협을 피할 수 없다면 싸울 수밖에 없다고 한다. 그렇지만 그것은 우리에게든 적에게든 누군가에게 명성을 줄 것이다. 호메로스는 근본적으로 인간으로서 죽음을 피할 수 없다면 죽음을 두려워할 필요 없다는 것이다. 오히려 용감하게 나아가 싸워 불멸하는 명성을 얻자는 것이다. 물론 단지 명성을 얻고자 목숨을 걸고 싸우자는 것은 아니다. 불멸의 명성은 죽음에 맞서는 용감한 사람에게 부차적으로 돌아오는 명예일 뿐이다. 그리스 영웅들은 죽음의 이미지를 가진 괴물들과 싸워 승리한 존재들이다. 그들은 자신의 삶의 여정에서 피할 수 없는 장애물들에 맞서 죽음을 각오하고 싸워 승리했기 때문에 영웅이라고 불리는 것이다. 오뒷세우스도 셋째 날 전투에 참여

하여 알렉산드로스(Alexandros), 즉 파리스에게 부상을 입은 디오메데스(Diomedes)를 구출하여 전차에 태워 함선 쪽으로 보내고 나서 주변에 돌아보니 아군은 한 명도 없고 적군에 의해 포위되었을 때 다음과 같이 마음속으로 생각한다.[10]

"아아, 내게 무슨 일이 일어날 것인가? 적군의 수가 많다고 두려워 달아난다면 최악이 될 것이다.
그렇다고 혼자 남아 붙잡힌다면 더욱 끔찍하구나.
크로노스의 아들께서 다른 다나오스인들을 모두 도망치게 했으니까.
그런데 왜 내 마음은 이런 것들을 말하는가?
나는 알고 있다. 전쟁터에서 도망치는 자들은 비겁한 자들이고,
전쟁에서 뛰어난 자는 맞든 아니면 맞히든
강하게 버텨야 한다는 것을!"

오뒷세우스는 디오메데스를 구하고 나서 적진 한가운데 고립된 상태에서 죽음의 위협을 느끼고 마음속으로 '끝까지 싸울 것인가? 아니면 달아날 것인가?' 를 잠시 고민한다. 아무도 없이 홀로 수많은 적군에게 둘러싸인다는 것은 아무리 뛰어난 전사일지라도 두려워하지 않을 수 없는 상황이다. 그러나 트로이군이 오뒷세우스를 둘러싸고 가운데로 몰아넣어 덤벼들자 그는 한 치의 망설임도 없이 수많은 적군들과 격렬하게 싸우고 부상을 입게 된다. 마침 오뒷세우스의 목소리를 들은 메넬라오스(Memelaos)가 아이아스와 함께 구출하러 달려와 무사히 적진에서 빠져나올 수 있었다. 오뒷세우스의 마음속의 갈등은 생사가 위험한 긴박한 상황을 보여 주며, 오히려 영웅으로서의 탁월성을 재확인시켜 주는 역할을 한다. 호메로스는 죽음의 두려움을 떨쳐 내는 영

웅들의 내면의 갈등을 보여 주면서 진정한 용기의 면모를 보여 준다.

운명에 대한 통찰력과 삶의 지혜

마지막으로 호메로스의 영웅들이 가진 지혜는 어떠한 특징을 가지고 있는가? 그리스 서사시의 영웅들 중에서는 단연 오뒷세우스가 탁월한 능력을 보여 준다. 그렇다고 아킬레우스가 지혜를 가지지 않았다는 것은 아니다. 아킬레우스도 숙련된 기술과 실천적 지혜를 가졌었다. 그는 케이론(Cheiron)에게 의술을 전수받아 부상당한 파트로클로스(Patroklos)를 치료했고, 고통을 멎게 해 주는 약을 만들었다고 한다.[11] 또한 아킬레우스는 악기 연주와 노래 실력도 뛰어났던 것으로 보인다. 아가멤논의 사절단이 도착했을 때 아킬레우스는 사현금(phormingks)으로 마음을 달래며 전사들의 명성을 노래하고 있었다.[12] 또한 아들 헥토르의 시신을 찾으러 온 트로이왕 프리아모스(Priamos)를 위로하기 위해 인간은 누구도 행복할 수 없으며 신들만이 행복한 존재라고 한 말에서 인간의 운명에 대한 통찰력도 보여 주고 있다.

아킬레우스는 전쟁터에서 가장 중요한 최고의 전투력을 가지고 승리로 이끄는 능력이 있을 뿐만 아니라 공동체 사회를 결속시키는 사랑 또는 우정(philia)을 위해 죽음으로 보여 주는 인물이다. 그는 명예를 잃고 분노했지만 명예에 집착하지 않았다. 그는 아무런 명예 없이도 단지 우정을 위해 목숨을 바칠 수 있는 존재였다. 더욱이 인간 삶의 실존적 한계와 부조리를 누구보다도 먼저 깨달을 수 있는 통찰력을 가졌기 때문에 비극적인 영웅으로 다가온다. 사실 호메로스의 영웅들은 각자 고유한 탁월성을 보여 주고 있다. 아킬레우스와 달리 오뒷세우스는 단지 각 영웅의 정체성을 규정하는 대표적인 탁월성에서 차이를 보인다.

오뒷세우스는 『일리아스』에서 상대적으로 아킬레우스에게 밀리긴 하지만 상당히 중요한 역할을 했었다. 아킬레우스가 아가멤논에게 분노하여 전쟁터에서 물러나고 아가멤논의 거짓 꿈 때문에 모두 우왕좌왕할 때, 오뒷세우스는 확고하게 그리스 동맹군을 독려하면서 군사들이 이탈하지 못하도록 하였다. 아가멤논이 질시할 정도로 지도력을 갖추고 있던 인물이다. 그는 신체적으로 아가멤논보다 머리 하나 정도 키가 작지만 온갖 계략과 영리한 생각을 잘 하는 인물이다. 더욱이 오뒷세우스의 연설 능력은 매우 뛰어난 것으로 보인다. 스파르타의 아가멤논의 책사격인 네스토르(Nestor)도 연설을 잘하고, 메넬라오스도 청산유수처럼 말하고 간결하고 명료하게 말하지만, 오뒷세우스는 가슴 속에서 우렁찬 목소리로 겨울날 서릿발 같은 언변을 토하며 좌중을 압도하는 능력을 가진 것으로 나타난다. 그가 일단 일어나서 연설하기 시작하면 "필멸의 인간은 아무도 그와 겨룰 수가 없었다."[13] 오뒷세우스는 누구보다도 사람을 설득하는 데 탁월하다고 표현되고 있다.

사실 『일리아스』에서 오뒷세우스는 다른 영웅들에 비해 전사로서의 외모나 전투 능력과 관련된 신체적 탁월성은 '상대적'으로 부족한 편이다. 트로이전쟁 중에 오뒷세우스는 그리스 진영을 대표하여 선발되지는 않았으며 특별히 전투력이 뛰어나다는 표현도 자주 나타나지 않는다. 그러나 『오뒷세이아』에서 오뒷세우스는 특별히 지적인 탁월성은 물론이고 신체적 탁월성도 훨씬 더 출중하게 표현된다. 그는 파이아케스족(Phaiekon)의 나라에 도착했을 때 운동 경기에 참여하여 누구보다도 더 무거운 원반을 가장 멀리 던졌다. 더욱이 그는 권투, 레슬링, 달리기 등과 같은 운동 종목에도 탁월한 실력이 있으며, 활쏘기에서도 필록테테스를 제외하고 가장 잘 쏘며, 창은 다른 사람이 활 쏘는 것보다 더 멀리 던질 수 있었다.[14] 트로이전쟁이 끝나고 10년이 지난 후에 고향 이타케(Ithake)로 늙은 거지꼴이 되어 돌아갔지만, 남들은 들기도 힘든 활에 시위를 얹어 도끼자루의 구멍을 통과시키는 과제를 통과한다. 오뒷세우스는 신체 능력도 탁월하였을 뿐만 아니라 타자를 설득하는 뛰어난 능력과 실천적 지혜가 탁월한 '영웅'으로 완성되었다.

나아가 오뒷세우스는 트로이전쟁의 영웅들 중에서 그 누구보다도 아테나 여신과 유사한 특징을 보여 준다. 그는 실질적으로 살아남기 위한 전략과 계략에 능하였기 때문에, 『일리아스』에서 "지략이 뛰어난"(polymetis)이라는 상용어가 붙어 다니는데 본래 '많은 생각들을 해내는'이라는 뜻이다.[15] 나아가 『오뒷세이아』 첫 행에서 오뒷세우스는 '재주가 많은'(polytropon)이라는 인물이라고 한다. 그는 퀴클롭스들의 섬에 도착해서 폴뤼페모스의 동굴에서 위기에 처했을 때 포도주를 만드는 계책을 생각해 냈었다. 또한 이타케로 귀환했을 때 늙은 거지로 위장하여 구혼자들을 모조리 죽여 버리는 지략을 발휘했다. 아리스토텔레스는 『니코마코스 윤리학』에서 실천적 지혜를 가진 사람은 "자신에게 좋은 것, 유익한 것들과 관련해서 잘 숙고할 수 있으며," "어떤 진지한 목적을 향해 잘 헤아리는 사람"이라고 말한다.[16]

오뒷세우스의 실천적 지혜의 특징

그렇다면 오뒷세우스가 일종의 실천적 지혜를 가졌다고 볼 수 있는 측면이 있다. 오뒷세우스의 실천적 지혜가 가진 세 가지 특징을 다음과 같이 분석될 수 있다.[17]

첫째, 추구할 목적을 확실히 지각하는 데 탁월하다. 오뒷세우스는 하나의 목적에 매진하고 그것에 대한 명확한 인식을 가졌다. 아킬레우스의 전쟁의 목적은 '명예'였지만, 오뒷세우스의 전쟁의 목적은 트로이 함락을 통한 '귀향'이었다. 『일리아스』에서 아킬레우스는 아가멤논이 자신의 명예를 실추시켰기 때문에 분노하여 전쟁에 참여하지 않았고, 결국 가장 사랑하는 사람을 잃게 된다. 그는 파트로클로스를 잃고 헥토르에게 복수하고자 하였다. 문제는 헥토르를 죽이면 아킬레우스 자신도 죽게 된다는 신탁이었다. 귀향을 하면 장수하며 자식도 많이 얻는다고 했지만, 죽음을 무릅쓰고 헥토르를 죽이는 것을 선택한다. 『오뒷세이아』에서 오뒷세우스의 목적은 아킬레우스와 달리 '귀향'이 목표였다. 그는 고향 이타케로 돌아가는 길에서 많은 모험을 해야 했고 유혹을 극복해야 했다. 그는 키르케의 섬에서 1년을 살면서 귀향을 잠시 잊고 있었지만 다시 돌아가겠다고 결심하고 항해를 시작하고, 칼륍소가 오뒷세우스를 억류하면서 불멸하는 삶을 제안하는데도 고향으로 돌아가고 싶다고 눈물을 흘렸던 것으로 나온다.

둘째, 목적 달성을 위해 최선의 수단을 찾는 일에 탁월하다. 오뒷세우스는 목적에 적절한 수단이나 책략을 제시하는 데 뛰어난 능력을 발휘하였다. 그는 귀향을 하기 위해 전쟁에서 승리해야 했기 때문에 다양한 책략을 내놓았는데 가장 유명한 것이 트로이의 목마이다.[18] 오뒷세우스는 트로이 성안으로 진입하기 위해 트로이인들이 스카이아이 문의 상인방이 무너져 내릴 정도로 아주 크게 목마를 제작하도록 제안했다. 그리스인들은 테네도스 섬으로 퇴각하면서 아테나 여신에게 바치는 제물로 거대한 목마를 남겨 두었다. 트로이인들이 카산드라의 예언에도 불구하고 거대한 목마를 성안으로 들여오기 위해 성벽을 스스로 부수어 버렸다. 그리하여 그리스군들이 회군하여 트로이를 함락하고 트로이 남자들을 죽음으로 몰아넣었다. 또한 오뒷세우스는 귀향하는 중에도 퀴클롭스 섬에서 동료들을 잡아먹은 폴뤼페모스(Polyphemos)에게 포도주를 만들어 먹여 단 하나밖에 없는 눈을 창으로 찔렀다. 아침에 폴뤼페모스가 양떼를 내보내면서 하나씩 검사했으나 오뒷세우스의 기지로 양의 배에 매달려 무사히 빠져나올 수 있었다. 또한 오뒷세우스는 트로이에서 이타케로 천신만고 끝에 귀향했지만 전리품도 동료들도 모두 잃어버렸기 때문에 자신의 왕권을 되찾기 위해 전략이 필요했다. 그는 실제로 늙은 거지의 모습으로 변장하여 수많은 구혼자들을 한 번에 처치할 수 있는 계략을 세워 모조리 살해해 버리는 등 타고난 전략가였다.

셋째, 목적 실현을 위해 격정을 통제하는 데 탁월하다. 오뒷세우스는 폴뤼페모스가 자신의 동료들을 먹어 버릴 때도 계책을 찾아내어 탈출할 때까지 참아 냈다.[19] 또한 이타케에서 늙은 거지 모습으로 변장하여 자신의 궁전에서 먹고 마시는 구혼자들의 모욕을 참아 냈다.[20] 오뒷세우스는 페넬로페가 말하듯이 "모든 덕에 있어 다나오스인들 중에 뛰어난 사람"(*Odysseia*, 4.725)이다. 그는 『일리아스』에서처럼 전쟁과 관련된 다양한 탁월성도 갖추었지만, 『오뒷세이아』에서처럼 귀향과 관련하여 현실적 삶에서의 지혜도 어떤 사람보다 돋보인다. 그렇지만 그것은 플라톤이 추구하던 지혜와는 다른 종류로 보인다. 오뒷세우스는 지혜와 관련하여 도덕적 판단이나 윤리적 가치를 개입시키지 않는 것으로 보인다. 그는 특정한 목적을 위해서 거짓말을 하는 일에 대해 아무런 반성적 계기가 포함되어 있지 않다.[21]

호메로스는 자신의 서사시에서 영웅들의 신체적 탁월성을 통해 영혼의 탁월성을 동시에 표현하려는 성향이 강하며, 영혼의 탁월성에 대해 고려하지 않거나 평가하지 않은 것은 아니다. 특히 『오뒷세이아』에서 오뒷세우스의 귀향을 주제로 영혼의 탁월성들 중에서 특히 실천적 지혜에 상당히 중요한 가치를 부여하고 있다는 사실은 분명하다. 호메로스의 전쟁 서사시에서는 아킬레우스와 같은 유형의 영웅이 최고의 영웅일 수밖에 없다. 반면에 오뒷세우스는 전쟁이 끝나고 난 후 '현실 속에서의 영웅'이라 할 수 있다. 실제로 호메로스는 말하는 지혜는 플라톤이 말하는 지혜와는 다르다. 플라톤에게는 '진리'에 대한 인식이 포함된다. 그렇지만 호메로스가 아킬레우스와 오뒷세우스를 통해 제시했던 인간의 운명에 대한 통찰력과 삶의 실천적 지혜는 영웅의 탁월성 중의 중요한 특징으로 자리매김하였다.

4

영웅적 탁월성의 목표와 조건

영웅적 삶과 명성 추구

고대 그리스 서사시에서 영웅은 명예와 명성을 추구한다. 그러나 그것은 고난과 역경을 통해서 획득된다. 그리하여 영웅은 반드시 모험이나 전쟁을 하게 된다. 이것은 영웅에게 명예와 명성을 가져다주는 원인이 된다. 영웅은 자신의 탁월성을 발휘한 보상으로 명예를 얻게 된다. 그리스 서사시에서 명예(time)는 추상적인 것이 아니라 매우 구체적인 것이다.[1] 가령 전쟁에서 명예는 전리품을 가리킨다. 그런데 고대 그리스인들에게 명예는 아가멤논의 크뤼세이스(Chryseis)나 아킬레우스의 브리세이스(Briseis)와 같다. 그래서 아가멤논이 명예의 선물 브리세이스를 빼앗겠다고 했을 때 아킬레우스의 분노가 바로 폭발했던 것이다. 고대 그리스인에게 명예와 명성은 분리 불가능하다. 명예로부터 명성(kleos)이 나오는 것이기 때문이다. 아가멤논이 크뤼세이스를 돌려주는 대신에 전쟁이 끝난 후 세 배 이상의 보상을 해 주겠다는 아킬레우스의 제안을 무시한 것도 당장 자신의 명예가 떨어지는 것을 참을 수 없었기 때문일 것이다.

그렇지만 모든 것이 아가멤논의 잘못에서 비롯되었기 때문에 아킬레우스를 비롯한 다른 영웅들의 명예의 선물을 빼앗는다는 것은 매우 불합리한 일로 보인다. 더욱이 그들은 아가멤논과 메넬라오스 형제를 위해 트로이군에게 아무런 원한도 없지만 전쟁에 참여하여 고향으로 돌아가지 못하고 있었다. 그리스 동맹군의 총사령관은 모든 것을 차지하고 있는 아가멤논이다. 아킬레우스는 최고의 전투 능력을 가진 영웅이지만 이제까지 아가멤논이 모든 전리품 중에서 가장 좋은 것들을 차지했었다. 그럼에도 다시 아킬레우스의 명예의 선물을 빼앗으려는 행동은 지나친 행동이 아닐 수 없다. 아가멤논은 아킬레우스 없이도 전쟁에서 승리할 수 있다고 생각해서 첫째 날과 둘째 날 전면전에 나섰다. 그렇지만 둘째 날 전투에서 그리스군은 트로이군에 완전히 밀려나게 되고, 이제 상황 파악을 제대로 하기 시작한 아가멤논이 수십 배의 보상금을 내걸고 아킬레우스에게 사절단을 보냈다.

그러나 아킬레우스의 분노는 그만한 선물로 풀릴 만한 정도의 것은 아니었다. 아킬레우스는 전사로서 추구해 왔던 인간의 명예에 대해 고찰하면서 정의의 문제를 제기한다.[2]

> "뒤에서 머뭇거리는 자나 열심히 싸우는 자나 몫(moira)은 똑같죠.
> 비겁한 자와 용감한 자가 똑같은 명예(time)를 가지죠.
> 일을 하지 않는 자나 일을 많이 하는 자나 죽는 것은 똑같죠.
> 나는 언제나 목숨을 걸고 싸우면서 마음으로(thymo) 고통을 겪으니
> 그것은 내게 아무 소용이 없어요."

아킬레우스는 사실 명예의 선물을 아가멤논에 빼앗겼기 때문에 분노하였다. 그렇지만 그는 단지 명예의 선물을 되찾는 데에만 관심이 있는 것은 아니었다. 왜냐하면 '명예'라는 것이 본성적으로 적절하게 부여되지 않는다는 것을 간파했기 때문이다. 그리스인들이 전쟁에서 명예와 명성을 얻는 것이 삶에 의미를 부여할 수 있다고 하는 이유는 무엇일까? 그것은 그들이 죽음 이후의 삶을 고려하지 않기 때문이다.[3]

호메로스의 영웅들 중 아킬레우스가 뛰어난 이유는 그가 관습과 법칙의 한계를 깨달을 수 있었던 통찰력을 가졌기 때문이다.[4] 아킬레우스가 비극적 영웅인 까닭은 자신의 죽음이라는 실존적 한계 상황을 늘 깨닫고 있었기 때문이다. '죽을 것인가? 아니면 살 것인가?'라는 상황에서 아무런 두려움 없이 죽음을 선택할 수 있었던 것은 타자에 대한 사랑 때문이지, 죽음에 대한 사랑 때문은 아니었다. 그러면서도 아킬레우스는 한 번도 격정적이지 않은 적이 없다. 그는 분노하고 사랑하고 비탄한다. 아킬레우스는 단지 머리로만 생각하지 않으며 가슴으로 행동하던 전형적인 호메로스적 영웅이다. 아가멤논의 불의에 대해 분노하고 파트로클로스의 죽음에 대해 비탄에 빠지는 존재이다. 그렇기 때문에 그리스인들은 아킬레우스를 특별히 사랑하는 것이다.

고통의 극복과 영웅 탄생

고대 그리스인들은, 인간의 삶은 근본적으로 고통이라고 생각하였다. 소포클레스가 인간에게 가장 좋은 것은 태어나지 않는 것이며, 다음으로 좋은 것은 일단 태어났으면 되도록 나왔던 곳으로 빨리 되돌아가는 것이라고 말하는 이유는 분명하다.[5] 인간의 삶은 결코 행복할 수는 없기 때문이다. 호메로스는 제우스(Zeus)가 올륌포스 신전의 바닥 아래에 있는 두 항아리에서 인간에게 좋은 선물과 나쁜 선물을 뒤섞어서 준다고 한다. 그리하여 인간은 때로는 나쁜 일도 만나고 때로는 좋은 일도 만난다.[6] 인간은 누구나 좋은 것만 가득한 삶을 살 수는 없다. 그것은 신들에게나 가능하다. 신들만이 가장 축복된 삶을 살기 때문이다. 인간은 단지 최선을 다해서 자신의 삶을 살아 내기 위해 노력할 수 있을 뿐이다. 만약 우리가 최선을 다하여 우리의 능력을 탁월하게 발휘할 수 있다면 명예와 명성이 따를 수도 있다.

그렇지만 호메로스의 영웅들은 전쟁 속에서 늘 죽음을 생각하면서 무엇을 선택할 것인가를 결정해야 했다. 아킬레우스는 자신의 운명을 결정해야 하는 순간과 마주하자 다음과 같은 이야기를 들려준다.[7]

> "나의 어머니 은빛 발을 가진 테티스께서 내게 말씀하셨소.
> 두가지 유형의 죽음의 영들이 나를 죽음의 종말로 인도할 것이라고.
> 내가 이곳에 머물러 트로이아인들의 도시를 포위한다면
> 나의 귀향을 잃게 되겠으나 불멸의 영광을 얻게 될 것이네.
> 사랑하는 나의 고향 땅으로 돌아간다면
> 나의 명성(kleos)은 사라지겠지만 내 수명은 길어지고
> 죽음의 종말이 나를 일찍 찾아오지는 않을 것이네."

아킬레우스는 죽음이라는 운명 앞에서 우리가 선택할 수 있는 더 가치 있는 것이 무엇인가를 결정해야 하는 순간이 왔다는 것을 깨닫는다. 만약 전쟁을 계속한다면 '불멸의 명성'(kleos aphthiton)을 얻을 것이지만, 만약 귀향(nostos)을 한다면 지상에서 장수할 것이다. 아킬레우스는 아가멤논에 대한 분노로 당장이라도 고향에 돌아가고 싶다고 말했지만, 마지막까지 트로이의 전쟁터에서 싸우다가 결국 죽고 만

다. 명성은 죽을 운명을 가진 인간을 불멸하게 만드는 것이다. 아킬레우스에게 명성이란 자신의 삶만큼이나 실제적인 것이었기에 죽음을 무릅쓸 수 있었던 것이라 할 수 있다.[8] 전쟁터에서 영웅이 되는 것은 명예와 명성을 위해 죽이거나 또는 죽게 되는 것이다. 그래서 인간의 삶은 비극적이라고 할 수밖에 없는 것이다. 명예와 명성을 가져오는 행위인 '죽이는 것'은 다른 사람들의 죽음뿐만 아니라 자기 자신의 죽음을 포함할 수 있기 때문이다.[9]

미망과 수치심

호메로스는『일리아스』에서 '명성'(kleos)과 관련하여 특별한 영웅 이야기를 연관시킨다. 아가멤논은 제19권에서 아킬레우스와 싸웠던 일을 후회하며 제정신이 아니었다고 사죄하면서 미망의 여신 아테(Ate)에 대해 말한다.[10]

> "아테(Ate) 여신은 모든 사람의 마음을 눈멀게 하는 제우스 맏딸로
> 저주받은 존재라오. 그녀의 발은 섬세하여 결코 땅을 밟는 일이 없죠.
> 그녀는 사람들의 머리를 밟고 다니며 사람들에게 해를 입히는데
> 한 명 걸러 한 명 정도는 걸려들게 되죠."

인간이라면 누구나 미망에 빠지기 쉽다. 심지어 제우스신도 미망의 여신 때문에 곤혹을 겪은 적이 있다. 바로 제우스가 사랑하는 아들 헤라클레스의 탄생과 관련된 이야기이다.[11] 제우스도 알크메네가 테베에서 헤라클레스를 낳기로 한 날 헤라에게 속았다. 제우스는 헤라클레스가 태어날 때가 되어 성급하게도 '오늘 나의 피를 물려받은 한 사내아

이가 태어나 사람들을 지배하게 될 것'이라고 말하였다. 헤라가 제우스에게 거짓말이 아니냐고 반문하며 맹세를 하라고 하자 제우스가 아무런 눈치를 채지 못하고 엄숙하게 맹세하였다. 헤라는 제우스의 핏줄 중 한 명 페르세우스의 아들 스테넬로스의 아내가 임신한 아이를 칠삭둥이로 태어나게 만들고, 암피트뤼온의 아내 알크메네가 헤라클레스를 출산하는 것을 제지하였다. 이로 인해 헤라클레스는 왕이 되지 못하여 수많은 고생을 하게 된다.

사실 처음 헤라클레스라는 이름을 듣고 의미를 알게 되면 의문이 생긴다. 헤라클레스(Herakles)는 헤라(Hera)의 명성(kleos)이라는 뜻이기 때문이다. 헤라가 남편 제우스를 질투하여 벌인 사건에 희생된 영웅 이야기에 불과한 것이라면, 헤라클레스는 적절한 이름이라 하기 어려울 것이다. 그리스 신화에 등장하는 이름들은 그것들을 가진 주체나 대상의 '정체성'을 보여 주는 경우가 많기 때문이다. 그렇다면 헤라클레스는 왜 제우스의 영광이 아니라 헤라의 영광이라고 할 수밖에 없는가? 그것은 헤라클레스가 헤라로 인한 고행 때문에 '명성'(kleos)을 얻게 되기 때문이다.

헤라클레스의 12가지 모험이라 할 때 사용되는 용어는 그리스어로 아틀로이(athloi)로 '고난', '힘든 일', '투쟁' 등을 의미한다. 헤라 여신에 의해 헤라클레스는 자신보다 못한 에우뤼스테우스보다 늦게 태어나게 되어 제우스의 예언대로 왕이 되지 못하고, 오히려 에우뤼스테우스가 왕이 되고 헤라클레스는 신하가 된다. 그렇지만 그는 헤라와 에우뤼스테우스가 명령한 힘든 일들을 극복해 가면서 영웅으로 탄생하게 된다. 『일리아스』에 등장하는 헤라클레스는 아킬레우스에 비교된다. 아킬레우스는 아가멤논보다 훨씬 탁월한 존재이지만 아가멤논의 지휘하에 있다. 더욱이 아가멤논에게 자신의 명예의 선물마저 빼앗기고 분노하지만 트로이와 전쟁 상황이라 분노를 삭이며 물러나게 된다. 헤라클레스와 마찬가지로 아킬레우스는 최고의 영웅이지만 적절한 지위를 차지하지는 못했다. 그러나 두 영웅 모두 고난과 시련을 통해 명예와 명성을 얻게 된다.

『일리아스』의 영웅들은 왜 죽음을 무릅쓰고 명성을 선택하는가? 아킬레우스는 파트로클로스의 죽음을 통해 귀향과 참전 중에서 결국 전쟁에서의 명성을 차지하게 된다. 그러나 『오뒷세이아』에서는 오뒷세우스에게는 '귀향' 이야말로 명성이라고 할 수 있다.[12] 오뒷세우스는 트로이전쟁이 끝나고 고향으로 돌아가는 과정에서 겪는 고난과 역경을 통해 훨씬 더 지혜로운 인물이 되었다.[13]

> "노래하소서, 무사 여신이여, 재주 많은 남자 이야기를.
> 그는 트로이아의 신성한 도시를 파괴한 후
> 수많은 곳을 떠돌아다녔지요.
> 수많은 사람들의 수많은 도시를 보았고,
> 그들의 생각(nous)을 알게 되었지요.
> 자신의 목숨을 구하고 동료들을 귀향(noston)시키려고
> 바다를 지나며 마음(thymon)속으로 수많은 고통을 겪었지요."

그리스의 경쟁 원리와 훈련

그리스 사회는 영웅들의 모험에 나타난 고난들(athloi)을 하나의 사회적 훈련의 원리로 삼은 것으로 보인다. 고대 그리스 축제는 대부분 신들과 영웅들에 대한 제의에서 비롯된다. 근본적으로 축제의 목적은 신들을 즐겁게 하려는 것이다.[14] 그렇다면 신들을 어떻게 즐거워하게 할

수 있는가? 고대 그리스인들은 인간이 자신의 능력을 탁월하게 발휘하는 것이라고 생각했다. 그래서 인간이 가진 역량을 최대한 끌어올리기 위한 사회적 장치로 사용한 것이 바로 '경쟁'(agon)의 원리이다. 니체는 그리스 문화를 주도하는 강력한 특징들 중 하나가 경쟁이라고 하였다.[15] 그리하여 그리스 축제에는 경쟁의 원리를 포함한 다양한 운동 경기들과 춤, 노래, 드라마 등의 경연 대회가 있다.[16] 운동 경기는 신체의 능력을 탁월하게 발휘하기 위한 것이고, 비극 경연 대회는 영혼의 능력을 탁월하게 발휘하기 위한 것이다. 인간 상호 간의 경쟁을 통해 탁월성을 발휘하여 획득하게 되는 가장 중요한 대가는 바로 명예(*time*)와 명성이었다.[17]

영웅은 인간의 능력을 탁월하게 발휘하는 존재이다. 이것은 두 가지 논의를 함축하고 있다. 첫째 기본적으로 인간이 타고난 능력이 어떤 종류의 것인가와 관련된다. 둘째, 인간이 타고난 능력을 어떻게 발휘하는가와 관련된다. 고대 그리스인들은 모든 사람은 각자 자신의 고유한 몫을 타고 난다고 생각했다. 그리스 신화의 영웅은 반신반인으로 탁월한 능력을 타고난 존재이다. 그럼에도 불구하고 영웅은 단지 타고난 능력만으로 결정되는 것은 아니다. 영웅은 수많은 시련과 고난을 극복하는 과정을 통해 탄생하는 것이기 때문이다. 실제로 호메로스는 기본적으로 영웅은 좋은 가문 출생이며, 많은 재물이나 아름다운 외모를 타고난다고 보고 있다. 그러나 수많은 귀족 가문들이 있지만 모든 귀족이 불멸의 영웅이 되는 것은 아니다. 헤라클레스는 제우스의 아들로서 강력한 힘을 타고나지만 헤라의 개입으로 에우뤼스테우스보다 늦게 태어나며 영웅으로서의 최고의 지위를 차지하지 못한다. 트로이 전쟁의 영웅들 중 특별히 아킬레우스는 반신반인으로 태어난 영웅으로 전쟁에서 탁월한 능력을 발휘한다. 그러나 그도 그리스 총사령관인

아가멤논보다 정치적 지위가 낮아서 명예를 잃어버리게 된다.

아리스토텔레스는 "탁월성은 본성적으로 타고나는 것도 아니고 본성에 반하여 생기는 것도 아니다. 우리는 본성적으로 받아들일 수 있으며 습관을 통해 완성시킨다."[18]고 하였다. 아리스토텔레스는 탁월성이 본성적으로 타고나는 것이 아니라고 했다. 누구든지 훈련을 통해 탁월성을 발휘할 수 있다고 생각했다. 그래서 어릴 때부터 어떤 습관을 갖느냐는 엄청난 차이를 낳을 수 있다고 생각했다.[19] 그는 반복적으로 탁월한 행위를 함으로써 탁월해지는 것이다. 이것은 분명히 그리스 서사시 시대의 이념과 분명히 차이를 드러내고 있다. 아리스토텔레스에게 행복은 우연적인 것이 아니다. 그것은 우리 각자의 노력을 통해서 획득되는 것이다.

* * *

고대 그리스에서 영웅이란 어떻게 존재하는가? 일단 영웅으로 태어나기도 해야 하지만 영웅으로 되어야 한다. 아니면 영웅이 되었기 때문에 영웅으로 태어나는 것이다. 사실 헤라클레스나 아킬레우스, 그리고 오뒷세우스는 영웅으로 태어나기도 했지만 수많은 고난과 시련을 통해 영웅으로 된 것이다. 그렇지만 역으로 그들이 영웅이 되었기 때문에 신화적 탄생이 만들어진 것일 수도 있다. 호메로스의 영웅들의 고난과 시련은 일종의 탁월성의 훈련으로 나타나는데, 그리스철학에서도 탁월성의 훈련에 대한 중요성을 강조하고 있다. 플라톤은 『국가』편에서 지혜, 용기, 절제, 정의 등의 탁월성을 갖추기 위해 체계적인 훈련 또는 교육 과정을 제시한다. 고대 영웅들은 탁월성을 발휘하기 위해 수많은 괴물들을 만나 싸워야 했다. 그러나 플라톤은 일상적 삶 속에서 교육 과정을 통해 탁월성을 훈련할 수 있도록 확립하였다.

그리스철학에서 탁월성은 좋은 삶이나 행복의 핵심적 개념이었다. 그리스 서사시로부터 비극에 이르기까지 탁월성 개념은 인간을 이해하는 데 중요한 단초를 제공한다. 우리는 특히 호메로스의 작품들을 통해 그리스철학에 나타나는 탁월성 개념의 원형적 특징을 찾아볼 수 있다. 고대 그리스 서사시의 탁월성의 개념과 범위를 설명하기 위해 그리스철학에서 활용하는 '신체의 탁월성'과 '영혼의 탁월성'의 구분을 도입하였다. 그리스의 영웅들을 트로이전쟁 이전과 이후로 구분한다면, 트로이전쟁 이전은 헤라클레스(Herakles)가, 트로이전쟁 이후는 아킬레우스(Achilleus)와 오뒷세우스(Odysseus)가 전형적인 영웅이라 할 수 있다. 헤라클레스는 신체적 능력이 탁월한 영웅으로 등장하지만 다양한 고난들을 극복하는 방식을 살펴보면 영혼의 능력도 탁월한 영웅이라는 것을 확인할 수 있다. 일반적으로 그리스 영웅들은 신체와 영혼의 아름다움이 조화를 이루는 탁월한 존재들이다. 그리스의 귀족, 즉 고귀한 사람들은 신분도 높고 외모도 아름답고 싸움도 잘하고 말도 잘하는 존재로 표현된다. 그리스 서사시 시대에는 신체의 아름다움과 영혼의 아름다움이 일치한다는 생각을 했지만, 그리스철학 시대에는 이러한 생각에 균열이 일어나게 되는 것을 볼 수 있다.

고대 그리스 서사시의 영웅들의 행동 패턴을 분석하여 대표적인 탁월성의 종류로서 용기와 실천적 지혜를 중심으로 분석하였다. 우선 호메로스의 영웅들은 격정을 지배하는 힘을 보여 준다. 아킬레우스는 아가멤논에 대한 신적인 분노를 놀라운 자제력을 발휘하여 억제하였고, 오뒷세우스도 트로이 목마 안에서 미쳐 가는 동료들을 자제시키고, 이타케의 부정한 궁전 시녀들에 격분하였지만 견디어 낸다. 다음으로 호메로스의 영웅들은 용기의 탁월성과 밀접한 관계가 있다. 용기는 두려움과 관련이 있다. 특히 죽음의 두려움이 가장 크기 때문에 전쟁에서의 죽음은 가장 고귀한 죽음이다. 호메로스의 영웅들은 두려움이 없는 인간들이 아니라 두렵지만 두려움을 극복한 인간들이다. 플라톤이 정의하는 용기는 두려움이 전혀 없는 것이 아니라 무엇을 두려워하고 두려워하지 말아야 할지를 아는 것이다. 호메로스는 죽음의 두려움을 떨쳐 내는 영웅들의 내면의 갈등을 보여 주면서 진정한 용기의 면모를 보여 준다. 마지막으로 호메로스의 영웅들은 실천적 지혜를 가진다. 호메로스는 아킬레우스와 오뒷세우스를 통해 인간의 운명에 대한 통찰력과 삶의 실천적 지혜를 영웅의 탁월성의 중요한 특징으로 자리매김하도록 만들었다.

고대 그리스 서사시의 탁월성의 목표와 조건으로 당대의 최고의 사회적 가치로서 추구되던 명예(time)와 명성(kleos)의 의미를 분석하고, 영웅의 탁월성의 조건으로 고난에 대해 분석하였다. 고대 그리스 서사시에서 영웅은 명예와 명성을 추구한다. 그러나 그것은 고난과 역경을 통해서 획득된다. 그리하여 영웅은 반드시 모험이나 전쟁을 하게 된다. 이것은 영웅에게 명예와 명성을 가져다주는 원인이 된다. 그리스 서사시에서 명예(time)는 추상적인 것이 아니라 매우 구체적인 것이다. 고대 그리스인에게 명예와 명성은 분리 불가능하다. 명예로부터 명성이 나오는 것이기 때문이다.

아킬레우스가 비극적 영웅인 까닭은 자신의 죽음이라는 실존적 한계 상황을 늘 깨닫고 있었기 때문이다. '죽을 것인가? 아니면 살 것인가?' 라는 상황에서 아무런 두려움 없이 죽음을 선택할 수 있었던 것은 타자에 대한 사랑 때문이며, 단순히 명예 때문만은 아니다. 그리스 사회는 영웅들의 모험에 나타난 고난들(athloi)을 하나의 사회적 훈련의 원리로 삼은 것으로 보인다. 인간 상호 간의 경쟁을 통해 탁월성을 발휘하여 획득하게 되는 가장 중요한 대가는 바로 명성과 명예였다. 아리스토텔레스에게 행복은 우연적인 것이 아니다. 그것은 우리 각자의 노력을 통해서 획득되는 것이다. 영웅으로 태어나기도 해야 하지만 영웅으로 되어야 하기 때문이다. 그래서 헤라클레스나 아킬레우스, 그리고 오뒷세우스는 영웅으로 태어나기도 했지만 수많은 고난과 시련을 통해 영웅으로 된 것이다. 호메로스의 영웅들의 고난과 시련은 일종의 훈련으로 이를 통해 탁월성이 나타나는데, 그리스철학에서도 탁월성의 훈련에 대한 중요성을 강조하고 있다.

II

삶의 기술과 영혼의 훈련

1

철학의 목표로서의 좋은 삶

올바른 삶

그리스 철학자들은 각기 다른 개념들을 선택하고 있지만 '좋은 삶'을 목표로 삼고 있다. 인간은 누구나 잘 살아가길 바란다.[1] 좋은 삶은 잘 사는 것이라고 말한다. 플라톤은 『국가』에서 가장 좋은 삶을 '올바름' 또는 '정의'를 통해 설명하고 있다. 우리가 올바르게 살아갈 수 있다면 가장 좋은 삶을 살 수 있다는 것이다. 그렇다면 '올바름'이란 무엇이며, 올바르게 사는 것은 무엇인지를 살펴보아야 할 것이다. 『국가』 초반에서 플라톤은 사람들이 살아가면서 가장 중요하게 생각하는 두 가지 요소에 대해 잠시 언급한다.[2] 우리가 만약 이것들을 제대로 통제하고 조절할 수 있다면 좋은 삶을 살 수 있다는 것을 전제한다. 한 가지는 바로 대다수 사람들이 획득하고 싶어 하는 '부'(富)나 재물이며, 다른 하나는 대다수 사람들이 위험하게 생각하는 성적 욕망이다. 소크라테스는 흔히 말하는 성공적인 삶을 살고 있던 케팔로스에게 다음과 같이 묻는다.

사람들이 좋아하는 '재물'이 많아서 좋은 점은 무엇이며, 사람들이 싫어하는 '나이'가 많아서 좋은 점은 무엇인가? 플라톤은 바로 이 두 가지가 우리가 살아가는 데 가장 중요한 요소들을 포함하고 있다고 생각했었다. 그것들은 모두 우리가 좋은 삶을 사는 데 핵심적인 것과 관련되어 있다. 케팔로스는 재물이 많으면 남을 속이거나 거짓말하지 않을 수 있어서 좋고, 나이가 많으면 성적 욕망을 쉽게 통제할 수 있어서 좋다고 말한다. 물론 재물이 적다고 남을 속이거나 거짓말을 하는 것은 아니며 나이가 적다고 성적 욕망을 쉽게 통제할 수 없는 것은 아니다. 그렇지만 누구나 살아가면서 이것들로 인해 힘들어하고 괴로워하는 경우가 많다는 것은 분명하다.

우리는 살아가면서 돈에 대한 욕망이나 성적 욕망만이라도 잘 다스릴 수 있다면 낭패를 당하거나 망신을 당할 일이 없다. 플라톤도 인간이 살아가는 데 과연 무엇이 가장 많이 영향을 미치는지를 누구보다도 잘 알고 있었던 것으로 보인다.[3] 그렇기 때문에 그는 인간 영혼의 능력들 중 특히 욕망에 주의를 기울인다. 영혼은 욕망, 기개, 이성 등 세 부분으로 구별될 수 있다. 여기서 문제는 현실적으로 대부분의 사람들이 욕망에 의해 지배된다는 사실이다. 플라톤은 누구보다도 인간의 욕망이 다른 어떤 것보다 강력하다는 것을 알고 있었다. 『파이드로스』에서 영혼과 관련된 '쌍두마차의 비유'에서도 이성은 욕망이란 말을 조절하는 데 안간힘을 쓴다.[4] 플라톤은 마부인 이성이 '기개'라는 말과 '욕망'이라는 말을 적절하게 통제해야 올바른 길을 갈 수 있다고 한다. 그러나 기개는 올라가려는 성향을 가졌고, 욕망은 아래로 내려가려는 성향을 가졌다고 한다. 특히 이성은 욕망이 제멋대로 날뛰지 않게 하기 위해서는 사투를 벌려야 한다. 『국가』에서도 '괴물의 비유'를 통해서 욕망의 강력한 힘을 보여 주고 있다.[5] 수많은 동물들의 머리들을 가진 욕망은 본래 단 하나의 인간의 머리를 가진 이성을 압도할 수밖에 없다. 따라서 욕망을 통제하는 것은 이성에게는 본성적으로 힘든 일이다.

이성의 지배

플라톤 자신이 끊임없이 이성에 의해 욕망과 기개를 지배해야 한다고 반복적으로 주장하는 것은 일종의 주문과 비슷하다. 그것은 이성이 욕망을 통제할 수 있는데도 불구하고 욕망의 도구가 되는 것을 비난하는 것이 아니다. 이성은 본성적으로 욕망을 지배하기에는 너무나 힘이 약하다. 그렇다면 도대체 어떻게 해야 할 것인가? 플라톤은 이성을 위한 방책으로 '교육'을 말한다. 우리는 교육을 통해 최소한 이성이 욕망을 통제할 수 있는 힘을 기를 수 있는 것이다. 그래서 플라톤은 올바름에 대한 정의를 내린 후에는 바로 철인 통치자를 위한 교육 프로젝트를 예외적으로 태교로부터 시작한다. 이성은 본래 욕망보다 훨씬 약하기 때문에 이성을 훈련시켜 욕망을 극복할 수 있는 힘(enkrateia)을 기를 필요가 있다는 사실을 끊임없이 강조하는 것이다.

실제로 플라톤이 목표로 하는 것은 욕망의 억압이라기보다는 기개와 이성과의 조화였다. 단지 이성만 아니라 기개나 욕망도 각자 제 기능을 탁월하게 발휘할 수 있어야만 올바르게 사는 것이다. 올바른 사람은 내적으로 이성과 기개 및 욕망이 조화를 이루어 질서가 잡힌 사람을 가리킨다. 그런데 왜 우리는 올바르게 살아야 하며, 왜 올바르게 사는 것이 좋은 것인가를 해명해야 한다. 사실 『국가』편 전체에서 플라톤이 말하고 싶은 것은 '올바르게 사는 것'이 바로 좋은 삶이라는 사실이다. 그래서 플라톤은 소피스트 트라시마코스와의 대화를 통해 올바르게 사는 것보다도 올바르지 않게 사는 것이 이익이라는 주장을 논박한다. 나아가 글라우콘과 아데이만토스와의 대화를 통해 올바르게 사는 것처럼 보이는 것이 이익이라는 주장도 논박한다. 궁극적으로 진정으로 올바르게 사는 것이 가장 좋은 삶이라고 설명하고 있다. 그것은 동굴의 비유에서도 반복적으로 강조되고 있다.

인간은 태어날 때부터 유한한 존재이다. 우리가 가진 인식의 능력을 통해 세계를 인식할 수밖에 없다. 동굴의 비유는 인간이 태어나면서부터 결박되어 있다고 한다. 그것은 인간이 가진 한계라 할 수 있다. 그렇기 때문에 인간은 끊임없는 노력을 통해 무엇이 진리인지를 인식할 필요가 있다. 그렇지 않으면 우리 감각에 나타나는 현상 세계에 얽매여 무엇이 진정으로 좋은 것인지를 알 수 없으며 좋은 것으로 보이는 대로 살아갈 수밖에 없다. 만약 우리가 진정으로 좋은 것이 무엇인지를 알려면 어둠으로 가득 찬 동굴 안에서 밖으로 나아가야 한다. 플라톤은 진정으로 좋은 것 또는 좋음 자체를 좋음의 이데아라고 말한다. 그것은 동굴 밖의 태양에 비유된다. 우리가 추구해야 하는 궁극적 대상은 좋음 자체 또는 좋음의 이데아이다. 진정으로 좋은 것이 무엇인지를 알아야 좋은 삶을 살 수 있기 때문이다. 그렇다면 어떻게 진정으로 좋은 것을 알 수 있는가? 플라톤은 인간으로서 가진 능력을 탁월하게 발휘해야 가능하다고 한다. 그것은 인간의 훌륭한 상태로 탁월성 또는 덕(arete)이라 불린다.

영혼의 건강

플라톤은 인간을 영혼과 신체로 구분하여 두 가지 탁월성을 설명한다.

신체가 탁월성을 발휘하게 되면 건강한 것과 같이 영혼도 탁월성을 발휘하면 건강한 것이라 말할 수 있다. 만약 탁월성을 발휘하지 못하면 신체나 영혼이 병든 것이나 마찬가지 상황이 될 것이다. 따라서 영혼이나 신체를 잘 돌보는 것은 매우 중요한 일이라 할 수 있다. 그렇다면 영혼을 어떻게 돌볼 수 있는 것인가? 플라톤은 『고르기아스』에서 신체의 탁월성을 돌보는 기술과 영혼의 탁월성을 돌보는 기술에 대해 설명하고 있다. 신체에 질서와 조화를 가져다주는 기술을 가진 사람들은 의사와 체육 교사로 신체의 어떤 욕구를 충족시키는 것이 건강에 좋은 것인지를 아는 사람들이다.[6] 그렇다면 영혼에 질서와 조화를 가져다주는 기술을 가진 사람들은 정치가로 자신의 영혼뿐만 아니라 국가 공동체의 영혼도 돌본다. 그러나 소크라테스는 실제로 영혼을 돌보는 정치가를 보기는 힘들다고 말한다. 사실 여기서 소크라테스가 말하는 정치가는 철학자에 가깝다. 그는 『국가』에서 말하는 통치자 '철인왕'(philosopher-king)과 유사하다고 생각된다.

2

영혼의 탁월성과 최고선

좋은 것과 좋아 보이는 것

우리는 가장 좋은 삶을 살기 위해서는 당연히 '좋음'이 무엇인지를 알아야 한다. 그러나 만약 우리가 무엇이 좋은 것인지를 모른다면 어떤 결과가 일어날까? 이 문제에 대해 아리스토텔레스는 근본적으로 플라톤과 인식을 같이 한다. 플라톤이 우선적으로 좋은 것 자체를 인식할 수 있어야 실천할 수 있다고 생각했던 것과 같이, 아리스토텔레스도 철학적으로 플라톤과 같이 좋은 것 자체에 대한 인식이 필요하다고 생각했다. 『니코마코스 윤리학』 초반에서 가장 먼저 다루고 있는 것은 '좋은 것' 자체에 관한 것이다. 아리스토텔레스는 우선 인간의 행동을 분석하면서 모든 것에는 목적이 있다고 말한다. 인간은 본성적으로 '좋은 것'을 추구한다.[1] 사람들은 누구나 같은 삶이 아닌 다른 삶을 살아간다. 그것은 결국 모든 사람들이 다른 것을 목표로 하기 때문이다.

왜 이런 일이 생겨나는 것일까? 누구나 좋은 것을 원하는데도 불구하고 다르게 살아가는 것은 사람들이 각기 다른 것을 좋다고 생각하기 때문이다.

인간은 누구나 각자에게 좋아 보이는 것을 추구한다. 그렇다면 우리가 세상을 살아가면서 좋다고 생각하는 것은 무엇인가? 아리스토텔레스는 눈에 보이고 누구나 알 수 있는 것들로는 즐거움, 부, 명예 등이라고 한다. 그렇다면 이러한 것들이 우리를 행복한 삶으로 이끈다고 말할 수 있는가? 아리스토텔레스는 인간의 삶을 세 종류로 구분하고 가장 좋은 삶을 검토하고 있다. 그것은 쾌락을 추구하는 삶과 명예를 추구하는 삶 및 진리를 관조하는 삶이다.

아리스토텔레스는 각각 쾌락적 삶, 정치적 삶, 관조적 삶이라 부른다. 먼저 쾌락을 추구하는 삶은 욕망에 의해 지배되는 삶으로 짐승이나 노예와 같은 삶이라고 비판한다. 다음으로 명예를 추구하는 삶은 다른 사람의 평판에 의존한다. 아리스토텔레스는 사람들이 명예를 추구하는 이유는 자신도 좋은 사람이라는 확신을 얻기 위해서라고 주장한다. 그러나 명예는 그것을 받는 사람보다 주는 사람에 더 많이 의존하고 있다. 그것은 우리 자신에게 달려 있지 않기 때문에 불완전하다. 마지막으로 진리를 관조하는 삶이 가장 좋은 삶이다. 인간의 가장 고유한 기능은 이성이다. 진리를 관조하는 삶은 인간의 능력을 가장 탁월하게 발휘하는 활동으로 가장 좋고 즐거운 삶이다. 일반적으로 대부분의 사람들은 돈을 벌기 위해 살아간다. 그러나 그것은 일종의 강제적인 삶이다. 왜냐하면 그것은 다른 목적을 위해 유용한 것이며 그 자체로 목적이 될 수는 없기 때문이다. 돈이란 우리의 욕망을 교환할 수 있는 수단일 뿐이다. 따라서 돈이나 재물 자체가 좋은 것이라 할 수는 없다. 단지 돈이나 재물은 우리의 욕망을 충족시켜 줄 수 있는 도구로 생각되기 때문에 좋아하는 것일 뿐이다.

그렇다면 도대체 좋은 것은 무엇인가? 아리스토텔레스는 가장 좋은 것으로서 '행복'의 개념을 제시했다. 그것은 인간이 가진 능력이나 기능을 탁월하게 발휘하는 것과 관련되어 있다.[2]

> "인간의 좋음이란 탁월성 또는 덕에 따르는 영혼의 활동이다. 만일 덕이 여럿이라면, 인간의 좋음은 그것들 중 최고의 그리고 가장 완전한 덕에 따르는 영혼의 활동이다"

아리스토텔레스는 구체적으로 좋은 것이 무엇인지를 설명하기 위해 두 가지 기준을 제시한다. 그것들은 바로 '완전성'(teleia)과 '자족성'(autarkeia)이다. 우선 가장 좋은 것은 '완전한 것'으로 생각된다. 가장 완전한 것은 항상 그 자체로 선택될 만한 것이며 결코 다른 어떤 것 때문에 선택되는 것이 아니다.[3] 그렇다면 과연 이것을 무엇이라고 해야 할 것인가? 아리스토텔레스는 바로 행복이라 말한다. 우리는 행복을 그 자체로 선택하지 그 외 다른 어떤 것 때문에 선택하지는 않기 때문이다. 다음으로 가장 좋은 것은 '자족적인 것'이다. 우리는 그것만으로도 삶을 선택할 만한 것으로 만들고 아무런 결핍도 없게 하는 것을 '자족'이라고 한다. 이것도 역시 행복이라 말할 수 있다. 모든 좋은 것들 중에서 행복이야말로 가장 선택할 만한 것이며 다른 것과 함께 열거될 수 있는 것이 아니기 때문이다.[4]

행복한 삶과 탁월성

행복한 삶은 인간의 고유한 기능을 탁월하게 발휘하는 삶이다. 인간이 가진 최고의 활동은 바로 지성(nous)의 활동이다. 그것은 관조적이며 활동 그 자체 이외에 다른 어떤 목적도 추구하지 않고 자신의 고유한 즐거움을 가질 뿐이다. 관조적 삶은 완전하고 자족적이다. 인간 안에 신적인 것이 있는 한 관조적 삶을 살 수 있는 것이다. 지성은 신적인 것이며 지성을 따르는 삶은 신적인 삶이다. 아리스토텔레스는 우리에게 "인간이니 인간적인 것을 생각하라", "혹은 죽을 수밖에 없는 운명이니 죽을 수밖에 없는 것들을 생각하라"고 권하는 사람을 따르지 말라고 환기시킨다. "오히려 우리가 할 수 있는 데까지 우리가 불사불멸의 존재가 되도록, 또 우리 안에 있는 것들 중에 최고의 것을 따라 살도록 모든 노력을 기울여야만 한다"[5]고 말이다.

인간은 근본적으로 좋은 것을 추구한다. 아리스토텔레스는 『니코마코스 윤리학』 첫 부분에서 인간의 모든 행위나 선택은 어떤 좋은 것을 목표로 한다는 주장으로부터 출발한다.[6] 모든 좋은 것들 중 가장 좋은 것은 일반적으로 행복(eudaimonia)이라 부른다. 나아가 일반적으로 잘 사는 것(eu zen)과 잘 행위하는 것(eu prattein)을 행복한 것과 동일하다고 생각한다.[7] 행복을 어떤 사람들은 즐거움이나 부나 명예라고 말하고, 또 다른 사람들은 각기 다른 것을 말한다. 심지어 때로는 동일한 사람조차도 상황에 따라 행복에 대해 다르게 이야기하는 경우가 있다. 가령 병들었을 때는 건강을, 가난할 때는 부를, 무지하다고 생각할 때는 지혜를 행복한 것이라 한다.

좋은 것의 종류

사실 플라톤도 인간은 누구나 자신이 잘 살기를 원한다고 이미 말했었다.[8] 만약 그렇다면 어떻게 하면 잘 살 수 있을까? 흔히 우리는 좋은 것을 많이 가진다면 잘 살 수 있다고 말한다. 그러면 어떤 것들이 좋은 것들이라 할 수 있는지를 알아볼 필요가 있다. 플라톤은 이것은 별로 어려운 질문이 아니라고 말한다. 누구나 부자로 사는 것이라 말할 테니까. 그리고 건강, 아름다움, 좋은 집안, 좋은 능력 등도 좋은 것으로 말할 것이다. 나아가 플라톤은 '절제', '정의', '용기', '지혜' 등도 우리에게 좋은 것이라고 주장한다. 그 외에도 플라톤이 흥미롭게 지적한 것이 더 있다. 흔히 사람들이 가장 좋은 것이라고 말하는 것이 하나 남아 있는데 바로 '좋은 운' (eutychian)이다.[9] 사실 일반적으로 선천적으로 좋은 것들을 많이 타고 나든 후천적으로 많은 노력을 통해 덕을 쌓았든 간에 정말 운이 좋지 않으면 좋은 삶을 살기는 쉽지 않다는 것은 누구나 알고 있다.

플라톤은 『법률』에서 좋은 것의 종류를 구별한다. 그는 크게 '인간적인 것' (ta anthropina)과 '신적인 것' (ta theia) 등 두 가지로 구분한다.[10] 인간적인 좋은 것은 신적인 좋은 것에 의존한다. 플라톤은 인간적인 좋은 것으로 건강, 아름다움, 신체적 강함, 부 등이 있다고 하고, 신적인 좋은 것으로 지혜, 절제, 용기, 정의 등이 있다고 한다. 모든 좋은 것들은 지성과 함께해야 한다. 그렇지 않으면 때로는 인간적인 좋은 것들이 오히려 불행을 가져올 수도 있다. 아리스토텔레스는 좋은 것들을 '외적인 좋은 것' 과 '신체와 관련된 좋은 것' 과 '영혼과 관련된 좋은 것' 등 세 가지 유형으로 구분하였다.[11] 플라톤이 말한 좋은 것들과 연관하여 설명하자면 다음과 같다. 우선 '외적인 좋은 것' 은 부, 좋은 가문, 권력, 명예 등이 될 것이다. 다음으로 '신체와 관련된 좋은 것' 은 건강이나 아름다운 외모 등이 될 것이고, 마지막으로 '영혼과 관련된 좋은 것' 은 일종의 탁월성인 절제, 정의, 용기, 지혜라 할 수 있다. 인생을 행복하게 살아가는 데에는 신체나 영혼에 관련된 좋은 것들뿐만 아니라 외적인 좋은 것들도 필요하다.

좋은 것의 소유와 활용

그렇지만 플라톤은 오히려 그것들이 어떻게 사용되거나 활용되느냐에 따라 달라진다고 말한다. 이것들이 실제로 유익하게 되는 것은 단지 소유하고만 있을 때가 아니라 사용하고 있을 때라고 말한다. 만약 먹을 것이 많은데 먹지 않는다거나, 마실 것이 많은데 마시지 않는다면 전혀 유익하지 않는 것과 마찬가지다. 가령 무언가를 만들 재료들이 아무리 많을지라도 목수가 아무것도 만들지 않으면 아무런 이익도 우리는 얻을 수가 없는 것과 마찬가지다. 그것들을 올바로 사용할 때 도움이 된다. 그래서 플라톤은 좋은 것을 실제로 활용하는 것을 강조한다.[12]

> "행복하려는 사람은 이러한 좋은 것들을 소유해야 할 뿐만 아니라 그것들을 활용해야 하네. 그렇지 않으면 그것을 소유할지라도 결코 유익하지 않기 때문이네."

플라톤은 우리가 흔히 좋은 것들이라고 말하는 것이 그 자체로 좋은 것들은 아니라고 한다. 더욱이 그는 좋은 것을 가지는 것보다 올바로 사용하는 것이 중요하다고 생각했다. 어떻게 사용하느냐에 따라 그것은 더 좋은 것이 될 수도 있고 더 나쁜 것이 될 수도 있다.

플라톤과 아리스토텔레스는 통상적으로 사람들이 좋아하는 것들이 행복해지기 위해 필요하다는 기본적인 인식은 함께한다. 단 플라톤은 신체와 관련된 좋은 것들과 외부적인 좋은 것들은 그 자체로 좋은 것은 아니라고 한다. 아리스토텔레스도 영혼에 관련된 좋은 것이 "가장 진정하고 최고의 좋은 것"이라 한다. 그렇지만 그는 분명히 부나 명예 및 좋은 가문 등과 같은 좋은 것들도 필요하다고 말한다. 왜냐하면 이러한 것들이 없으면 고귀한 일을 행하는 것이 불가능하거나 쉽지가 않기 때문이다. 흔히 사람들은 용모가 아주 추하거나 좋은 가문이 아니거나 자식 없이 홀로 사는 사람 또는 심지어 아주 나쁜 친구들과 나쁜 자식들만 있는 사람, 또는 좋은 친구들과 자식들은 있었지만 지금은 죽어서 없는 사람들을 행복한 사람이라고 말하지는 않는다.[13] 그러나 우리의 의지에 달려 있지 않은 외적인 좋은 것들은 그 자체로 가치가 있는 것들은 아니다. 일반적으로 그것들이 좋다고는 하지만 제대로 사용되지 않으면 오히려 좋지 않게 될 수 있다. 누구나 돈이나 권력이 좋다고 하지만 적절히 사용할 줄 모르는 사람에게는 심각한 해악을 입힐 수도 있다는 것이다.

행복과 행운

인간은 누구나 살아가다 보면 수많은 일들을 겪게 된다. 우리에게 좋아 보이는 것을 행운이라 부르고 나쁘게 보이는 것을 불운이라 부른다. 우리의 사유의 한계 안에서는 이러한 것들을 예측하지 못하기 때문에 '우연'이라고 한다. 그러나 우주의 법칙이나 자연의 질서 또는 신의 섭리 안에서는 '필연'이라 할 수도 있다. 가장 성공적인 삶을 살던 사람도 노년에는 엄청난 불행에 빠질 수 있다. 아무도 비참하게 최후를 맞이하는 사람을 행복하다고 말하지 않는다. 아리스토텔레스는 행운이나 불운과 같은 우연적 요소들이 행복과는 다른 것이라 생각했다.

사실 아리스토텔레스가 말하는 행복은 그리스어로 에우다이모니아

(eudaimonia)이다. '좋은'(eu)과 '정령'(daimon)을 포함하여 '좋은 정령 또는 다이몬을 가짐'이라는 일차적인 의미가 있다. 그래서 일반적으로 좋은 운을 가진 것으로 생각되기도 했다. 영어 'happiness'는 운(fortune, chance, luck)을 의미하는 'hap'이나 'happe'에 어원이 있다. 그래서 현대 영어에서 행복이라는 말은 행운과 유사한 의미가 포함된 어원을 가졌다. 그렇지만 아리스토텔레스는 '행복'이란 말의 개념을 새롭게 정의하면서 운이나 우연과의 관련을 완전히 구분해 버렸다. 행복은 너무나 고귀하고 신성한 것이기 때문에, 단지 우연적인 것에 의해 행복을 획득한다는 것은 불합리하다고 생각했다.

아리스토텔레스는 행복을 '탁월성에 따른 영혼의 활동'으로 정의하면서, 누구나 배움과 훈련을 통해 행복에 도달할 수 있다고 생각했다.[14] 그렇지만 우리가 노력을 통해 변화시킬 수 있는 것도 있지만 변화시킬 수 없는 것도 있다. 우리에게 달려 있지 않은 운이나 우연은 누구에게나 닥친다. 아무리 탁월한 사람이라 할지라도 인생을 살아가면서 모든 불운이나 역경을 피할 수는 없다. 그렇지만 그는 탁월성을 발휘하여 이 모든 것을 적절히 견뎌 낼 수 있기 때문에 여전히 행복한 사람으로 살아갈 수 있는 것이다.[15]

아리스토텔레스는 신체와 관련된 것들을 포함하여 외부적인 좋은 것들을 인정하면서도 이러한 것들이 우연적이라고 말하는 방식으로 영혼과 관련된 좋은 것들을 강조했다고 할 수 있다. 그러나 플라톤이 말했던 것처럼 좋은 것을 소유하는 것이 아니라 활용할 수 있는 것이 중요하며, 더욱이 올바로 활용하는 것이 중요하다. 아리스토텔레스도 좋은 것이 어떻게 활용되는지를 중요하다고 생각한 것으로 보인다. 그가 행복을 탁월성에 따른 영혼의 '활동'이라고 정의한 것은 실제로 좋은 것의 '활용'과 밀접한 관계가 있어 보인다. 그는 탁월성을 단지 가지고 있는 것만으로는 행복할 수 없다고 한다. 가령 잠자고 있는 사람이나 다른 어떤 방식으로 아무런 활동을 하지 않는 사람과 같다. 올림픽 경기에서 승리의 월계관을 쓰는 사람은 경기에 직접 참가한 사람들인 것처럼 말이다. 아리스토텔레스가 강조하는 탁월성은 본성적으로 가지고 태어나는 것이 아니라 나중에 생겨나는 것이다.[16] 그것은 노력하지 않으면 획득할 수 없는 것이다.

성격과 습관

영혼의 탁월성은 성격과 지성과 관련하여 두 가지 종류가 있다. 우선 성격의 탁월성은 '습관'의 결과로 생겨나는데 습관은 한 번 행동한다고 생기는 것은 아니다. 그것은 지속적으로 동일한 방식으로 행동함으로써 생긴다. 아리스토텔레스는 어릴 적부터 어떻게 습관을 들였는지에 따라 아주 큰 차이가 나타난다고 한다. 또한 지성의 탁월성도 오랜 시간 동안 지속적으로 노력해야 획득할 수 있는 것이다.[17]

아리스토텔레스도 행복에 이르는 방법에 관해서는 플라톤과 동일한 입장이다. 행복은 가장 위대하고 고귀한 것이기 때문에 단지 우연적으로 획득된다는 것은 너무나 부조리하다. 오히려 행복은 '탁월성에 따른 영혼의 어떤 활동'이며 어떤 종류의 배움이나 노력을 통해 획득되는 것이다. 우리는 끊임없이 노력하지 않으면 결코 행복에 도달할 수 없다. 아리스토텔레스는 행복하기 위해서 인간은 자신이 가진 고유한 기능을 탁월하게 발휘해야 한다고 말한다. 이미 플라톤도 지적했듯이 영혼은 단지 탁월성을 소유만 해서는 행복하다고 말할 수 없으며 탁월성을 발휘해야 행복하다고 말할 수 있다는 것이다. 아리스토텔레스도 영혼이 탁월성을 발휘하는 '활동'을 강조하고 있다.

3

다양한 탁월성의 종류

3.1 플라톤의 탁월성

개인 영혼의 탁월성

인간의 탁월성은 영혼의 능력에 따라 다양하게 나타난다. 그렇지만 플라톤은 영혼의 능력을 신체에 비유하여 세 측면으로 구분한다. 신체를 배, 가슴, 머리로 구분한다면 영혼을 각각 욕망, 기개, 이성으로 구분해 볼 수 있다. 첫째, 욕망은 "음식과 생식이나 이와 동일한 종류와 관련된 쾌락을 욕구"하는 것으로 정의된다.[1] 즉 먹고 마시고 낳고 하는 것과 관련된 것이라 할 수 있다. 둘째, 기개는 '이기기를 좋아하고 명예를 좋아하는 부분'이다.[2] 그것은 주로 경쟁심, 자존심, 명예심 등에 의해 일어난다고 할 수 있다. 그것은 나쁘게 양육되어 타락하지만 않는다면 본성상 이성을 보조하는 것이다.[3] 셋째, 이성은 "배우는 것을 좋아하고 지혜를 사랑하는 부분"이다.[4] 그것은 좋음에 대한 욕구를 가지고 있다.

플라톤은 이성이 기개와 욕구를 지배할 때 각 부분이 각자의 기능을 잘 발휘할 수 있다고 한다. 만약 기개나 욕구가 이성의 말을 듣지 않거나 적절하게 훈련되지 않으면 이성이 오히려 욕구에 의해 지배받기 쉽다. 이성이 욕구의 노예가 된다면 인간다운 삶을 살기 어려울 것이다. 특히 욕구는 본성상 이성보다 훨씬 강력한 어떤 것이다. 그러므로 이성이 욕구를 지배하기는 매우 힘들다. 그래서 플라톤은 어릴 적부터 이성을 훈련시키는 교육을 중시했다. 그는 영혼의 세 가지 기능들과 관련하여 세 가지 탁월성들을 말하고 있다. 욕망의 능력을 탁월하게 발휘하면 '절제'(sophrosyne), 기개의 능력을 탁월하게 발휘하면 '용기'(andreia), 이성의 능력을 탁월하게 발휘하면 '지혜'(phronesis)를 갖추게 된다. 나아가 이 세 부분이 서로 조화를 이루게 되면 '정의'(dikaiosyne)를 갖추게 된다. 플라톤의 네 가지 탁월성(덕)들은 서양에서 일반적으로 四主德 'cardinal virtues' 이라 불린다.

[플라톤의 4주덕]

	신체	영혼	국가 공동체	탁월성(덕)
1	머리	이성	통치자 계층	지혜
2	가슴	기개	수호자 계층	용기
3	배	욕망	생산자 계층	절제
4				정의

국가 공동체의 탁월성

나아가 개인의 영혼의 세 부분은 국가 공동체의 세 부분과 유비적으로 설명될 수 있다. 최초의 국가는 필요에 의해 성립되었다. 나아가 효율성을 제고하기 위해 분업과 교환의 원칙이 확산되었다. 분업의 원칙은 경제적 영역뿐만 아니라 정치적 영역으로 확대된다. 그리하여 국가 공동체는 생산자 계층, 수호자 계층, 통치자 계층으로 구분된다. 생산자 계층은 공동체의 욕구를 충족시키기 위해 기능하고, 수호자 계층은 공동체의 안전을 수호하기 위해 기능하며, 통치자 계층은 공동체의 질서를 확립하기 위해 기능한다. 플라톤은 통치자가 궁극적으로 해야 할 일은 국가 수립의 목적과 연관된다고 말한다. 그것은 모든 국가 구성원들이 행복하게 사는 것이다. 생산자 계층이나 수호자 계층 또는 통치자 계층 등 어떤 특정 계층이 행복한 것이 아니라 모든 국민을 행복하게 하는 것이다.

모든 국민이 행복하게 사는 좋은 국가(kallipolis)를 이루기 위해 필요한 탁월성은 다음과 같다.[5] 첫째, 통치자 계층에는 '지혜'가 필요하다. 통치자는 국가를 잘 경영할 수 있는 지혜가 필요하다. 또한 국가 공동체 전체를 위해 가장 좋은 것이 무엇인지 알아야 한다. 둘째, 수호자 계층에는 '용기'가 필요하다. 용기는 우리가 두려워해야 할 것과 두려워하지 말아야 할 것을 아는 것이다. 전쟁이나 갈등이 일어났을 때 국가 공동체를 수호하는 데 반드시 필요한 덕목이다. 셋째, 생산자 계층에는 '절제'가 필요하다. 절제는 쾌락과 욕망을 억제하는 것이다. 생산자는 욕망에 의해 지배받기 쉽다. 그렇기 때문에 절제는 생산자 계층에 가장 중요한 탁월성이 된다. 넷째, 모든 계층에 '정의'가 필요하다. 모든 구성원들이 각자 자신에게 적합한 일을 하면서 살아가는 것이 정의 또는 올바름이다. 개인의 영혼의 세 부분과 국가 공동체의 세 부분이 각각 자신의 고유한 일을 하면서 조화를 이룰 때 정의롭다고 한다.

최고의 탁월성으로서의 지혜

플라톤은 궁극적으로 모든 탁월성을 관통하는 가장 중요한 탁월성을 '지혜' 라고 생각했다. 지혜가 있어야 용기가 있고 절제가 있을 수 있다고 생각한다. 우리가 어떤 것을 올바로 사용하도록 해 주는 것은 바로 '지혜' 이다.[6] 만약 지혜가 없이 무지한 상태에서 어떤 것을 올바로 사용하지 못한다면 이로움보다는 오히려 해로움이 더 많을 수 있다. 플라톤은 "그 자체로 가치 있는 것은 아무것도 없다" 고 말한다. 지혜와 무지 말고는 다른 것들은 어떤 것이든 좋지도 나쁘지도 않다. 이 두 가지 중에서 지혜는 좋은 것이고 무지는 나쁜 것이고 할 수 있다.[7] 이 세상에 존재하는 것들 중 그 자체로 좋거나 나쁘다고 말할 수 있는 것은 많지 않은 편이다.

그렇지만 분명히 지혜는 좋은 것이고 무지는 나쁜 것이라 말할 수 있다. 무지를 따르면 나쁜 것은 더욱 나쁘게 될 것이고, 지혜를 따르면 좋은 것은 더욱 좋게 될 것이다. 플라톤은 근본적으로 우리가 모두 행복해지기를 바란다면 좋은 것을 가져야 할 뿐만 아니라 쓸 줄도 알아야 한다고 말한다. 우리가 아무리 좋은 것을 가지고 있다 할지라도 쓰지 않거나 또는 제대로 쓰지 않으면 오히려 나쁘게 될 수 있다. 그래서 어떻게 사용하는지를 아는 것도 매우 중요하다. 다양한 개별적인 덕들은 지혜와 밀접하게 연관되어 있다. 가령 용기는 무엇을 두려워해야 하고 무엇을 두려워하지 말아야 하는 것을 알아야 발휘할 수 있다.[8] 만약 그것을 알지 못한다면 비겁하거나 무모할 수 있다. 우리는 가능한 모든 방법을 사용하여 최대한 지혜로워질 필요가 있다. 왜냐하면 진정으로 지혜로운 사람이야 말로 행복할 수 있기 때문이다.

3.2 아리스토텔레스의 탁월성

영혼의 종류

아리스토텔레스에게도 탁월성 또는 덕은 행복의 핵심 개념이다. 탁월성의 개념을 제외하고 행복을 정의할 수 없기 때문이다. 아리스토텔레스는 우선 인간 영혼을 이성적인 부분과 비이성적인 부분으로 구분한다.[9] 비이성적인 부분은 영양과 성장을 담당하는 부분과 이성과 협력하는 부분으로 구분된다. 영양이나 성장을 담당하는 부분은 이성에 의해 영향을 받지 않는 것으로 보인다. 그러나 이성에 협력하고 이성에 귀 기울이는 부분은 감정들과 욕구들을 가진 부분으로 이성의 영향을 받는다.

나아가 아리스토텔레스는 비이성적인 부분의 능력을 탁월하게 발휘하면 '성품의 탁월성'이라 부르고, 이성적인 부분의 능력을 탁월하게 발휘하면 '지성의 탁월성'이라 부른다.[10] 지성의 탁월성은 주로 '가르침'에 의존하기 때문에 경험과 시간을 필요로 한다. 지성의 탁월성으로는 지혜(sophian), 실천적 지혜(phronesin), 추론적 사유(dianoetikos) 등이 있고, 성품의 탁월성으로는 자유인다움(eleutherioteta)이나 절제(sophrosynen) 등이 있다.

성품의 탁월성은 '습관'에서 생기며 '에토스'(ethos)에서 그 명칭이 유래되었다. 아리스토텔레스는 성품의 탁월성은 본성과 다르게 될 수는 없다고 한다. 왜냐하면 어떤 것도 본성과 다르게 습관 들일 수 없기 때문이다. 물을 여러 번 위로 흐르게 만들어 습관화할 수는 없다. 강제로 기계를 사용하여 물을 위로 흐르게 할 수는 있다. 그렇지만 물을 반복적인 훈련시켜 위로 흐르게 하는 습관을 들일 수는 없다. 그리하여 아리스토텔레스는 탁월성이 본성적으로 생겨나는 것은 아니지만, 본성적으로 받아들일 수 있는 것이라고 한다.

성품의 탁월성

아리스토텔레스는 특히 성품의 탁월성을 매우 자세히 다루고 있다. 지성의 탁월성과 비교해도 매우 비중 있게 다루고 있다고 할 수 있다. 나아가 플라톤에 비하면 훨씬 세부적으로 다루고 있다고 할 수 있다. 우선 아리스토텔레스는 우리가 탁월성을 가지는 것은 먼저 행동을 함으로써 갖게 된다고 한다. 가령 요리사는 일단 요리를 해 봄으로써 요리사가 되고, 운전사는 일단 자동차를 운전해 봐야 운전사가 된다. 아리스토텔레스는 우리가 일정한 방식으로 반복하여 행동하면 특정한 성품을 갖게 된다고 한다.[11]

> "우리는 정의로운 일들을 행함으로써 정의로운 사람이 되며, 절제 있는 일들을 행함으로써 절제 있는 사람이 되고, 용감한 일들을 행함으로써 용감한 사람이 되는 것이다."

아리스토텔레스는 성품의 탁월성은 즐거움과 고통과 관련 있다고 한다.[12] 사람들이 나쁜 일을 하는 것은 즐거움 때문이고 고귀한 일을 멀리하는 것은 고통 때문이라고 한다. 그래서 아리스토텔레스는 플라톤의 교육관에 전적으로 동의한다. 즉 어렸을 때부터 마땅히 기뻐할 것에 기뻐하고, 마땅히 괴로워해야 할 것에 고통을 느끼도록 교육되어야 한다는 것이다. 즐거움은 특히 통제하기 쉽지 않다. 헤라클레이토스가 말하듯이 즐거움과 싸우는 것은 고통과 싸우는 것보다 더 어렵다.[13] 그리하여 즐거움과 고통을 잘 사용하는 사람은 좋은 사람이 되고 나쁘게 사용하는 사람은 나쁜 사람이 될 것이다.

특히 아리스토텔레스가 다루는 성품의 탁월성의 독특한 특성은 '중용' (mesotes)에 있다.[14] 중용은 사실 일차적인 의미로는 중간을 가리키는 말이다. 일반적으로 사물의 중간은 '양 쪽 끝에서 똑같이 떨어진 것' 을 의미한다. 말하자면 A-B라는 직선에서 중간을 말한다. 이것은 '사물 자체에 따른 중간' 이라고 한다. 그러나 이와 달리 '우리와 관계에서 중간' 이라는 것도 있다. 아리스토텔레스가 말하는 '중용' 은 바로 후자를 가리킨다. 우리와의 관계에서 중간은 지나치지도 모자라지도 않는 것을 의미한다. 그것은 사람에 따라 다르며 동일하지 않다. 그것은 주로 인간의 감정이나 행위와 관련 있다.[15]

> "탁월성은 감정과 행위에 관련하고 이것들 안에서 지나침과 모자람이 잘못을 범하는 반면, 중간적인 것은 칭찬을 받고 또한 올바르게 성공한다. 이 양자가 탁월성에 속하는 일이다. 그러므로 탁월성은 중간적인 것을 겨냥하는 한 일종의 중용이다."

성품의 탁월성은 양 극단의 대립적 상태들 간의 중간 상태이다. 한 극단은 지나침이고 다른 극단은 모자람이다. 양극단의 대립적 상태들 사이의 적절한 상태가 가장 좋은 것이며, 바로 중용이라 불리는 것이다. 중용을 가진 사람은 좋음의 가치를 올바르게 판단할 수 있기 때문에 좋은 삶을 살아갈 수 있다.

[아리스토텔레스의 성품의 탁월성]

	감정/행동의 영역	악덕(모자람)	덕(중용)	악덕(지나침)
1	두려움과 대담함	비겁	용기(andreia)	만용
2	즐거움과 고통	무감각	절제(sophrosyne)	무절제
3	보통 재산	인색	자유인다움 eleutheriotes, liberality)	낭비
4	큰 재산	쩨쩨	통 큼 (megaloprepeia)	천박, 저속
5	큰 명예	소심	담대 (megalopsychia, magnaimity)	허영
6	분노	화낼 줄 모름	온화(proaotes)	성마름
7	진실	폄하	진실성	허풍
8	놀이의 즐거움	촌티	재치	익살
9	일상의 즐거움	투덜, 심술	친근	아첨
10	수치	파렴치	수치(aidos)	부끄럼

그렇지만 아리스토텔레스는 모든 것에 중용이 있다고 생각하지 않는다. 어떤 감정이나 행위는 이미 나쁜 것이기 때문이다. 말하자면 심술, 파렴치, 질투와 같은 감정이나. 간통, 절도, 살인 등과 같은 행위 등에는 중용이 없다.

지성의 탁월성

아리스토텔레스는 영혼의 이성적 부분은 진리를 인식하는 기능을 한다고 말한다. 인간의 이성적인 부분이 탁월하게 발휘하는 것이 지성의 탁월성이다. 아리스토텔레스는 지성의 탁월성으로 학문적 인식, 실천적 지혜, 기술, 직관적 지성, 철학적 지혜 등 다섯 가지를 설명한다. 그런데 이 다섯 가지는 현대어로 한다면 명확히 구분이 잘 되지 않는다. 아리스토텔레스의 설명을 간략히 제시하면 다음과 같다.

첫째, '학문적 인식' (episteme)과 관련하여 아리스토텔레스는 우리가 인식하는 두 가지 종류의 존재자들을 구별하면서 설명하고 있다.[16] 한 가지는 '그 원리가 다르게 있을 수 없는 존재자들' 을 아는 것으로 '학문적 인식' (epistemonikon)이라 부른다. 따라서 이것은 필연적 진리와 관련되어 있다. 다른 하나는 '그 원리가 다르게도 있을 수 있는 존재자들' 을 아는 것으로 '헤아리는 능력' (logistikon)이라 불린다. 따라서 이것은 우연적 진리와 관련이 된다.

둘째, '실천적 지혜' (phronesis)는 일련의 상황들에서 해야 할 최선의 행동을 올바로 판단하는 능력이라 할 수 있다. 실천적 지혜는 학문적 인식과의 차이를 통해 분명하게 달라질 수 있다. 학문적 인식은 영원하고 필연적 진리와 관련된다면 실천적 지혜는 우연적 진리와 관련된다는 점에서 대조된다. 그렇기 때문에 학문적 인식은 귀납이나 연역과 같은 증명을 통해 학습이 될 수 있지만 실천적 지혜는 증명을 통해 학습될 수 없다. 실천적 지혜를 가진 사람은 심사숙고를 통해 특정 상황에서 자신이 할 수 있는 합리적인 선택을 도출할 수 있는 사람이다. 나아가 실천적 지혜를 가진 사람은 전체적으로 잘 사는 것과 관련하여 무엇이 좋고 유익한지를 잘 숙고할 수 있는 사람이다.[17]

셋째, '기술' (techne)는 실천적 지혜와 함께 '헤아리는 능력' 에 속한다. 아리스토텔레스는 실천적 지혜와 기술을 구별하기 위한 기준으로 '행위' (praxis)와 '제작' (poiesis)의 개념 간의 구분을 제시한다.[18] 실천적 지혜는 행위와 관련이 있고, 기술은 제작과 관련이 있기 때문이다. 말하자면 행위와 관련된 학문에서의 탁월성은 실천적 지혜이고, 제작과 관련된 학문에서의 탁월성은 기술이다. 만약 어떤 사람이 행위하는 목적이 그 자체 때문이 아니라 그 외 다른 것을 위해 하는 것이라면 그는 실제로 행위하고 있는 것이 아니다. 만약 어떤 사람이 어떤 상황 속에서 최선의 행동을 하는 것을 목적으로 삼은 것이라면 그는 실제로 행위하고 있는 것이다. 이와 같이 실천적 지혜와 기술도 '그 자체를 목적으로 삼아 행한 것'과 '그 외 다른 것을 목적으로 삼아 행한 것'에 따라 구분할 수 있다.

넷째, '직관적 지성'(nous)은 제1원리들을 파악하는 능력이다. 아리스토텔레스는 학문적 인식이 필연적 진리를 다룬다고 했다. 그것은 증명을 통해 인식된다. 그런데 증명을 하는 데에는 기본적인 공리가 필요하다. 말하자면 유클리드의 공리 "두 점이 주어졌을 때, 그 두 점을 통과하는 직선을 그을 수 있다", 또는 "어떤 것도 포함하지 않는 집합이 존재한다" 등을 가리킨다. 우리는 이것이 참인지, 거짓인지를 파악하기 위해 증명을 할 수는 없다. 이와 같이 증명에 필요한 기초적인 공리들을 파악하는 것이 바로 직관적 지성이라 한다.

다섯 번째, '철학적 지혜'(sophia)는 간단히 직관적 지성과 학문적 인식을 결합한 것이라고 보면 된다. 아리스토텔레스는 제1원리들의 진리를 파악하여 올바른 추론으로 이끌어 가는 능력으로 설명한다. 그리하여 철학적 지혜는 '가장 훌륭한 인식'이며 인간이 소유하고 활용할 수 있는 가장 고귀한 것이라고 한다.[19] 철학적 지혜는 생성에 전혀 관여하지 않기 때문에 인간을 행복하게 만드는 것들을 탐구하지는 않지만, 지혜라는 탁월성을 가지고 그것을 활동시킴으로써 행복을 만들어 낼 수 있다.[20]

아리스토텔레스는 지성의 탁월성들 중 특히 실천적 지혜가 성품의 탁월성과 밀접한 관계가 있다고 한다. 실천적 지혜는 성품의 탁월성을 가지고 있다. 그것은 어떤 것을 자신에게 가치 있는 것으로 인식함으로써 발생하는 결과로 감정적이며, 욕망을 나타내는 일정한 형태의 반응 등을 산출하는 성품의 상태이다. "실천적 지혜 없이는 좋은 사람이 될 수 없다는 것, 또 성격적 탁월성 없이는 실천적 지혜를 가진 사람이 될 수 없다는 것은 분명해진다."[21] 실천적 지혜 없이는 주어진 상황에서 적절한 감정과 행위에 대한 합리적인 선택을 하기가 어렵기 때문이다.

3.3 중세의 덕

초기 그리스도교의 덕 개념

중세에도 고대 그리스와 헬레니즘 시대의 철학의 주요 개념들이 계승되고 있다. 초기 그리스도교에서 탁월성 또는 덕은 고대 그리스와 별반 다르지 않게 사용하고 있다. 그러나 고대 그리스와 달리 로마에서 탁월성은 비르투스(virtus)로 번역되면서 현대적인 의미의 '덕'(virtue)으로 번역해서 사용해도 별다른 무리가 없다고 할 수 있다. 초기 그리스도교가 이론적 틀을 갖추는 데 가장 중요한 역할을 한 인물은 바울(Paul)이라 할 수 있다. 그는 로마인으로서 지적 교양을 갖춘 인물이었다. 헬레니즘 당시에 그리스철학과 스토아철학에 익숙했던 인물로 유사한 용어들을 자주 사용한다. 바울은 덕 있는 사람이 되기를 권고하였다. 초기 그리스도교의 수도 전통은 그리스철학과 헬레니즘 철학의 전통을 계승하였다. 인간은 살아가면서 수많은 역경과 시련을 겪을 수밖에 없다. 그렇기 때문에 덕이 더욱 중요한 것이다. 덕을 통해 우리는 피할 수는 없지만 견뎌 낼 수 있기 때문이다.

아리스토텔레스가 말하는 것처럼, "행복한 사람은 진정으로 좋은 사람이며, 어느 구석 빠지는 데 없이 반듯한 사람이라면 인생의 갖가지 운들을 가장 훌륭하게, 모든 점에서 전적으로 적절하게 견뎌 낼 것이기 때문이다."[22] 사막 교부 에바그리우스(Evagrius Ponticus)도 우리가 영혼의 훈련을 통해 덕을 획득할 수 있지만, 그렇다고 악령의 공격을 멈추게 할 수는 없다고 한다. "덕이 악령의 공격을 멈추게 할 수는 없지만, 우리를 무사하도록 지켜 줄 수는 있다"[23] 우리의 고유한 능력을 탁월하게 발휘하도록 훈련하는 것은 일차적으로는 우리에게 닥치는 불운을 적절하게 견뎌 낼 수 있는 내면의 힘을 얻기 위한 것이다.

고대의 탁월성 또는 덕에 대한 논의는 아우구스티누스(Augutinus)에서 새로운 국면을 맞이하게 된다. 우선 고대의 '행복'에 해당되는 에우다이모니아(eudaimonia)라는 용어 대신에 아우구스티누스는 '지복'(至福)에 해당되는 용어 베아티투도(beatitudo)나 펠리치타스(felicitas)를 사용하고 있다. 고대의 행복은 인간이 아무리 탁월성을 발휘한다고 하더라도 삶의 우연에 의해 겪게 되는 고난과 역경을 피할 수는 없는데 탁월성을 갖춘 사람은 이 모든 것을 적절히 견디어 낼 수 있다고 한다. 그러나 아우구스티누스는 인간의 한계 내에서 추구되는 행복은 진정한 행복이라 생각하지 않는다. 오히려 인간의 삶의 비참함을 더욱 인식할 수밖에 없다. 여기서 아우구스티누스는 그리스철학의 핵심적인 개념인 덕(virtus) 개념을 계승하고 있지만 새로운 '사랑'이 매우 중요한 개념이 되고 있다.

진정한 덕과 하느님의 사랑

고대의 아리스토텔레스는 행복을 영혼의 능력을 탁월하게 발휘하는 활동이라 정의하며 덕을 인간의 능력이나 기능과 연관해서 설명하고 있다면, 중세의 아우구스티누스는 덕을 선을 사랑하는 것과 연관시켜 설명하고 있다.[24] 아우구스티누스는 '덕' 을 하느님을 향한 최고의 사랑으로 정의한다. 그는 플라톤의 4가지 주요 덕들을 변용하여 모두 하느님에 대한 사랑으로 설명한다. 고대의 플라톤이나 아리스토텔레스는 이성이 기개나 욕망을 지배하거나 또는 이성적 부분이 비이성적 부분을 지배하는 방식에서 덕이 형성된다. 그러나 아우구스티누스는 궁극적으로 진정한 덕은 '하느님에 대한 사랑' 으로 올바른 방향을 잡아 훈련한 덕이라고 한다. 고대의 전통적인 4주덕은 사랑의 다양한 변용(affectus)으로 이해된다. 그리하여 다음과 같은 방식으로 재정의하고 있다.[25]

	4주덕	아우구스티누스의 정의
1	절제	하느님을 위해 자신을 온전하고 타락하지 않도록 지키는 사랑
2	용기	하느님을 위해 모든 것을 기꺼이 견디어 내는 사랑
3	지혜	하느님께 향하는 데 도움될 것들과 방해될 것들을 분간하는 사랑
4	정의	오직 하느님만을 섬기며 그 외 다른 모든 것들을 잘 지배하는 사랑

아우구스티누스는 어떤 사람이 행복해지려고 한다면 그는 영원할 것을 추구해야 한다고 말한다. 그것은 사랑에 의해 행해져야 한다. 그리스철학과 명확하게 다른 점은 인간의 행복이 바로 '사랑' 을 통해 완성된다는 것이다. 사랑은 그리스도교의 핵심 요소이다. 아우구스티누스는 그리스철학의 4주덕을 '사랑' 에 의해 재정의하여 그리스도교 정신과 절묘하게 조화시키고 있다. 진정으로 사랑한다면 무엇을 행하든 덕에 이를 수 있다.[26] 모든 덕은 사랑이라는 근원이나 원리로부터 나온다. 아우구스티누스는 그리스도교에서 가장 중시하는 덕들 중 하나로

올바름, 즉 정의를 특히 강조한다. 인간은 올바르게 살아야 한다. 왜냐하면 인간에게 가장 좋은 것을 획득할 수 있기 때문이다. 그것은 바로 영원한 생명이다. 아우구스티누스는 영원한 생명이 가장 좋은 것이며 영원한 죽음이 가장 나쁜 것이라고 한다. 영원한 생명을 소유하려면 올바르게 살아야 한다.[27]

중세 7가지 덕과 7가지 악덕

중세의 그리스도교의 덕들은 플라톤의 지혜, 용기, 절제, 정의 등 네 가지 주요 덕들에다 그리스도교의 세 가지 주요 덕들인 믿음(pistis), 소망(elpis), 사랑(agape) 등이 결합되어 형성되었다. 신학적 덕들로 말해지는 세 가지 덕들인 믿음, 소망, 사랑은 『성경』의 신약 부분에서 바울이 썼던 「고린토전서」 13절에 유래한다.

신학적으로 확립된 7가지 대죄와 관련하여 7가지 덕과 악덕이 확립된다. 7가지 악덕은 이미 초기 그리스도교 수도 전통에서 등장하기 시작한다. 사막 교부 에바그리우스는 8가지 악한 생각들로 탐식(gastrimargia), 음욕(porneia), 탐욕 (philargyria), 슬픔(lypē), 분노(orgē), 나태(akēdia), 헛된 영광(kenodoxia), 교만(hyperēphania) 등을 제시하고 극복해야 한다고 주장했었다. 그리스도교는 에바그리우스의 제자 요한 카시아누스(John Cassian)의 전거에 따라 탐식(Gula), 쾌락/음욕(Luxuria/Fornicatio), 탐욕(Avaritia), 교만(Superbia), 슬픔(Tristitia), 분노(Ira), 헛된 영광(Vanagloria), 나태(Acedia) 등 8가지 대죄를 확립하였다.

그 이후 중세 590년에 그레고리우스(Gregorius) 교황이 사막 교부 전통으로 내려오는 8가지 악한 생각들을 7가지로 정비하였다. 기존의 것들 중 슬픔과 나태를 합치고, 헛된 영광과 교만을 합치고 '질투'를 추가하여, 쾌락, 탐식, 탐욕, 나태, 분노, 질투, 교만 등 '7가지 대죄'(seven deadly sins)를 확정하고, 이에 상응하는 정숙, 절제, 사랑, 근면, 인내, 친절, 겸손 등 7가지 덕들을 재확립하게 된다. 토마스 아퀴나스(Thomas Aquinas)가 그레고리우스 교황의 목록을 사용함으로써 교회 안에 정착되었다.

	미덕	악덕	악마
1	정숙 Castitas	쾌락/음욕 Luxuria	Asmodeus
2	절제 Temperantia	탐식 Gula	Mammon
3	사랑 Caritas	탐욕 Avaritia	Beelzebub
4	근면 Industria	나태 Acedia	Belphegor
5	인내 Patientia	분노 Ira	Amon/Behemoth
6	친절 Humanitas	질투 Invidia	Leviathan
7	겸손 Humilitas	교만 Superbia	Lucifer/Satan

단테의 연옥과 7개의 정죄의 산

이탈리아의 단테 알리기에리(Dante Alighieri)는 르네상스 시대에 그리스도교의 죽음 이후 세계를 여행하는 이야기를 담은 『신곡』(Divina Commdia)에 중세적 세계관을 반영하는 7가지 대죄를 활용하고 있다. 『신곡』(1308-1321)은 죽음 이후의 세계를 크게 지옥(Inferno), 연옥(Purgatorio), 천국(Paradiso) 등 세 가지로 구분하고 있다. 단테의 『신곡』은 수학적 사고와 상징에 의해 구조화되어 있다. 단테는 상징적으로 3이란 숫자를 매우 중요시하는데 그리스도교의 삼위일체와도 연관이 있다. 『신곡』도 서곡 1, 지옥 33편, 연옥 33편, 천국 33편으로 총100

편으로 구성되어 있으며, 각 영역은 다시 3의 배수인 9개로 구성되어 있다.

단테는 지옥이 존재하는 이유는 하느님의 '정의' 때문이라고 말한다. 그리스도가 탄생하기 전에 존재했던 성현들은 지옥의 제1원 림보에 머물렀다가 그리스도의 부활과 함께 들어 올려졌다고 한다. 지옥에 들어가는 인간들 가운데 우리가 예상하는 것처럼 극악한 행동을 일삼은 인간들만 있는 것은 아니다. 지옥 입구에 적혀 있는 통과 조건이 너무 일상적이고 평범한 악에 대해 말하고 있어 오히려 두려움이 엄습할 정도이다. 지옥에 들어가는 사람들은 선과 악에 무관심하고 오직 자기 자신만을 위해 살아왔던 이기적이고 나태한 사람들이다. 더욱이 소심하고 비열해서 선을 행하지 못한 사람들도 포함된다. 그렇다면 인간으로서 누구도 피해가기 어렵지 않는가 하는 생각이 든다.

단테의 『신곡』의 지옥과 연옥은 구체적으로 '덕'과 '악덕'을 보여주는 현장이라 할 수 없다. 지옥의 인간이든 연옥의 인간이든 근본적으로 죄로부터 완전할 수는 없다. 그들은 모두 죄를 지었지만 신앙을 가졌는지에 따라 지옥과 연옥으로 갈라진다. 지옥을 희망을 가질 수 없지만 연옥은 희망을 가질 수 있다. 모든 고통에서 벗어날 수 있다는 '희망' 말이다. 근본적으로 단테가 『신곡』을 쓰게 된 동기도 세상으로부터 받는 유혹과 권력에 의한 위협 등으로 벗어나 진정한 행복을 어떻게 추구할 것인가에 대한 고민으로부터 출발하였다. 지상의 현세적 삶으로부터 죽음의 세계로의 여행을 통해 삶의 고통을 극복하기 위한 의도를 가진 것으로 보인다.

연옥은 특히 정화의 공간으로 '정죄의 산'이라고 불린다. 고대로부터 죄는 일종의 오염이다. 따라서 더러움을 깨끗히 씻어내기 위한 장소가 필요하다. 연옥은 기학학적으로 9개의 고리와 1개의 에덴동산으로 구성되어 있다. 여기 9개의 고리는 2개의 비탈길과 7개의 산으로 이루어져 있으며, 마지막에 있는 에덴동산을 향해 올라가는 방식으로 이루어진다. 연옥의 7개의 산들은 중세의 7가지 대죄를 씻어 내기 위한 단계들로 나타난다. 연옥의 인간들은 천국으로 갈 수 있다는 희망으로 가지고 지상에서 지은 죄들에 대한 형벌을 받기 때문에 기쁜 마음으로 견디어 낸다. 지옥의 인간들은 악마들에 의해 고통을 받으나, 연옥의 인간들은 천사들에 의해 안내를 받는다. 죽은 자의 영혼들은 연옥의 해변으로 가기 위해 천사의 배를 기다린다. 그런데 여기서 단테는 천사의 배를 타는 순서를 정해 두었다. 그것은 이 세상에서 살면서 쌓은 덕행에 따라 결정된다. 죽음 이후의 세계에서 모든 것은 살아 있을 때 행했던 '덕' 이라는 원리에 의해 구조화되고 있다.

단테가 구성한 7개의 산은 순서대로 교만, 질투, 분노, 나태, 탐욕, 탐식, 애욕으로 이루어진다. 첫째, 교만의 죄를 저지른 사람들은 겸손의 천사가 이끌고, 둘째, 질투의 죄를 저지른 사람들은 관용의 천사가 이끌고, 셋째, 분노의 죄를 저지른 사람들은 평화의 천사가 이끌며, 넷째, 나태의 죄를 저지른 사람들은 배려의 천사가 이끌고, 다섯 번째, 탐욕의 죄를 저지른 사람은 정의의 천사가 이끌며, 여섯 번째, 탐식의 죄를 지은 사람들은 절제의 천사가 이끌고, 일곱째, 음욕의 죄를 저지른 사람들은 은총의 천사가 이끈다. 단테의 연옥에서 실제로 지상에서 지은 죄들의 무게는 첫 번째로 나오는 교만이 가장 무겁고, 마지막으로 나오는 애욕이 가장 가볍다. 단테는 고대부터 당대에 이르기까지 구체화된 주요 악덕들을 중심으로 지옥과 연옥의 죄를 규정하고 구체적으로 이미지화했다.

4

영혼 훈련의 주요 특징:
습관화와 익숙화

영혼을 돌보는 기술

행복은 우연적인 것이 아니라면 우리는 행복에 이르기 위해 끊임없이 노력해야 한다. 실질적으로 우리는 모든 행위의 원인이 되는 영혼을 이해하고 훈련시킬 필요가 있다. 소크라테스에게 철학이란 영혼을 돌보는 기술이다. 그것은 신체를 돌보는 기술인 체육이나 의술과 비슷하다. 한편으로 신체가 병이 들어 아프면 의술에 의해 치료하듯이, 영혼이 병이 들어 아프면 철학에 의해 치유한다는 점에서 유사하다. 다른 편으로는 신체를 건강하게 하기 위해 신체의 훈련을 하듯이, 영혼을 건강하게 하기 위해 영혼을 훈련해야 한다는 점에 유사하다. 우리는 단지 이론을 연구하는 능력만을 훈련할 뿐만 아니라, 이와 동시에 실천할 수 있는 능력도 길러야 한다. 따라서 우리는 철학을 통해 영혼을 훈련시킬 필요가 있다. 나아가 우리가 영혼을 훈련시키려고 한다면 최소한 반드시 지켜야 할 필요가 있는 전제가 있다. 그것은 단지 일시적이거나 일회적이지 않고 지속적이고 반복적인 노력이 필요하다는 것이다. 우리가 특정한 성격이나 행동을 바꾸겠다고 생각할지라도 단지 한두 번 실행해 본다고 변화되는 것은 아니다. 우리가 무언가 크게 깨달은 것이 있어 단호하게 결심하더라도 우리의 일상적인 삶을 단번에 바꾸기는 어렵다. 그래서 우리는 영혼의 훈련을 지속적으로 할 필요를 느끼며 끊임없는 노력을 해야 한다.

헬레니즘 철학은 기본적으로 아리스토텔레스의 행복에 대한 정의를 수용한다. 특히 스토아학파에 따르면 행복과 불행은 일반적으로 생각되는 선과 악 자체가 아닌 이것들에 대한 우리의 태도와 관련 있다. 사실 아리스토텔레스는 행복은 최고선이라는 점에서 유일한 것이지만 포괄적인 어떤 것을 좋은 것으로 보고 있다. 행복의 가장 중요한 요소는 덕이지만, 이외에도 최소한의 재산이나, 외모나, 가문 및 자식 등도 행복의 구성 요소가 될 수 있다. 즉 아리스토텔레스에게서 외부적인 것들은 하나의 선이며 최고선으로서의 행복에 의해 포괄될 수도 있다. 그러나 스토아학파에게는 근본적으로 외부적인 것들은 선이 아니며 행복에 포함되지도 않는다. 아리스토텔레스가 주장하는 것처럼 우리가 최고선으로서 행복을 추구하기 위해서는 외부적인 선들로부터 우리의 내부로 시선을 돌려야 한다. 행복의 조건은 행복을 찾는 자의 밖이 아니라 자신 안에 있다. 행복의 가장 실질적인 조건은 자기 자신을 지배할 수 있는 능력(enkrateia heautou)에 있다. 그것은 자신 안에 있는 외부적 선들에 대한 욕망과 정념을 통제할 수 있는 '성품' (hexis)을 만들 때 생겨난다.

욕망의 종류와 훈련

에피쿠로스는 우리에게 우리 자신 안에 있는 욕망과 욕구를 분석하라고 한다. 우리는 자신의 욕구에 대한 욕망을 정확하게 인식해야 한다. 이것은 소크라테스의 자기 인식과도 연관된다. 에피쿠로스학파는 욕망의 종류를 세 가지로 구분한다.[1] 첫 번째는 자연적이면서 필연적인 욕구이며, 두 번째는 자연적이지만 필연적이지는 않은 욕구이며, 세 번째는 자연적이지도 필연적이지도 않은 욕구이다. 첫 번째 욕구는 만족시킬 만하지만 세 번째 욕구는 물론 때로는 두 번째 욕구도 포기할 필요가 있다.

스토아학파는 행복을 추구하는 사람들은 정념(pathos)에 대해 분석할 필요가 있다고 한다. 인간의 네 가지 대표적인 정념은 욕망, 두려움, 괴로움, 쾌락이다. 스토아학파는 불행의 원인은 우리 안에 있는 불필요한 욕망과 두려움 때문이라고 한다. 따라서 인간이 행복해지기 위해서는 이러한 정념으로부터 벗어나야 하는 것이다. 정념으로부터의 해방은 이와 관련된 자기 인식을 통해 가능하다. 에픽테토스는 이 세상에 우리에게 달린 것과 그렇지 않는 것이 있다고 한다.[2]

> "우리에게 달려 있는 것들은 본성적으로 자유롭고, 방해받지 않고, 간섭받지 않는 반면에, 우리에게 달려 있지 않는 것들은 취약하고, 노예적이고, 방해를 받는 것에 속한다."

우리에게 달려 있는 것은 우리가 통제할 수 있는 가능성을 포함하고 있지만 우리에게 달려 있지 않는 것은 우리의 능력을 벗어나 있기 때문에 우리에게 달려 있지 않는 것은 과감히 멀리 던져 버려야 한다. 가령 죽음은 우리에게 달려 있는 것이 아니다. 따라서 그것을 슬퍼하는 것은 아무 소용이 없는 것이다.

우리에게 달려 있지 않는 것은 우리가 획득하기 어려울 때도 많고 실패라도 하면 비통해 할 것이며 동요할 뿐만 아니라 결국 신과 인간을 탓하게 될 것이다. 그러나 우리에게 달려 있는 것에 대해 정확히 판단하고 그것만을 추구한다면 결코 방해받지 않을 것이며 누구도 비난하지 않을 것이다.[3] 이와 같이 헬레니즘 철학자들은 궁극적으로 우리 자신의 영혼을 인식하고 지배할 수 있다면 평정심을 유지할 수 있다고 주장한다. 플라톤이 이성에 의해 욕망을 적절하게 통제할 수 있도록 훈련의 중요성을 역설하고, 아리스토텔레스가 탁월성에 대한 실질적인 분석과 더불어 반복적인 습관의 중요성을 강조했던 이유는 철학적 이론뿐만 아니라 실천의 중요성을 정확히 인식했기 때문이다. 헬레니즘 시대에도 영혼의 훈련에서 가장 중요한 원리는 철학적 인식들을 실천적으로 습관화하고 익숙하게 하는 것이었다.

아크라시아

우리가 이론적으로 지식을 인식한다고 할지라도 실천적으로 행동하는 것은 다른 문제이다. 소크라테스가 말하듯이 알면 곧 행할 수 있다면 우리는 단지 좋은 것이 무엇인지를 알기만 하면 된다.[4] 그렇지만 우리의 생각과 달리 알면서도 행하지 못한 경우가 속출한다. 일반적으로 사람들은 각기 자신이 가장 좋다고 생각하는 것을 하기 원하고 그렇게 하지만, 때로는 가장 좋은 것을 알고 있지만 다른 것을 하기도 한다. 이러한 경우는 그리스어로 아크라시아(akrasia)라고 하는데 '자제하지 못함'이나 '절제하지 못함'을 의미한다. 사람들은 각자 가장 좋은 것이 무엇인지를 알고 있지만 쾌락, 고통, 성적 욕망, 공포 등과 같은 다른 어떤 내적인 요소 때문에 그렇게 행동하지 못하는 경우가 많다.

흔히 욕망은 이성에 대립적이거나 적대적이라고 하지만 이것은 욕망을 특정한 관점에서만 평가하는 것일 뿐이다. 그것은 신체적 욕구와 본능에 따라 작용할 때 이성의 통제에서 벗어나는 경우가 많다. 그렇지만 욕망은 반드시 이성에 대립적 요소라 할 수는 없다. 왜냐하면 그것은 때로는 이성과 함께 작용하여 진리를 추구하는 원동력이 될 수 있기 때문이다. 아크라시아적인 사람은 자신의 선택으로 미래에 고통이 생길 것을 예측하지만 욕망이 제공하는 직접적인 쾌락에 굴복하게 된다.

이와 같이 비록 우리가 무엇이 좋은 것인지를 알지라도 실천으로 옮기는 데 실패하는 경우는 많다. 따라서 우리가 실천적 능력을 제고하기 위해 철학적 훈련을 필요로 한다. 에픽테토스(Epictetus)는 철학에서 관조를 하거나 이론을 연구하는 데에서 문제가 생기는 것이 아니라, 오히려 실제로 삶을 살아가는 데에서 문제가 생긴다고 말한다.[5]

> "철학자들은 먼저 관조 속에서 우리를 훈련시킨다. 여기에는 별다른 어려움이 없다. 그러나 그런 후에 우리는 훨씬 더 어려운 문제들에 마주친다. 관조 속에서 우리가 배운 것을 따르는 데 아무것도 방해하지 않지만, 삶 속에서는(biotikon) 우리를 빗나가게 하는 것들이 많기 때문이다."

사실 우리가 이론이나 관조를 통해서 세계나 인간의 원리 등을 이해하는 것은 지속적인 노력을 하면 도달할 수도 있다. 그러나 아무리 우리가 특정한 이론이나 원리를 이해한다고 해도 우리의 삶의 방식이 직접적으로 변화되는 것은 아니다. 그러므로 우리는 삶 속에서 끊임없는 훈련을 필요로 한다. 아리스토텔레스가 말하듯이 일종의 습관처럼 익숙해지도록 만드는 것이 중요하다. 아리스토텔레스는 습관의 중요성에 대해 다음과 같이 말한다.[6]

> "어린 시절부터 이런 방식으로 습관을 들였는지, 혹은 저런 방식으로 습관을 들였는지는 결코 차이가 적지 않다. 그것은 아주 큰 차이거나, 혹은 엄청난 차이를 만든다."

사람들은 각자 자신이 처한 상황에서 이렇게 행동하거나 저렇게 행동함으로써 이러저러한 사람이 된다. 가령 어떤 사람은 계속해서 정의로운 행동을 함으로써 정의로운 사람이 되고 다른 사람은 계속해서 용기 있는 행동을 함으로써 용기 있는 사람이 되는 것이다. 사실 아리스토텔레스가 습관의 중요성을 강조한 것은 우리의 행동의 상당 부분이 습관적으로 이루어진다는 경험적 관찰로부터 비롯되었을 것이다.

습관과 성향

플라톤도 어렸을 때부터 본성적으로 강력한 욕망을 적절히 통제할 수 있는 능력을 배양하기 위해 이성을 훈련시키는 것이 중요하다는 것을 거듭 강조하면서 특히 인간의 '모방' 능력에 주목한다. 인간은 누구나 모방을 통해 배운다. 그러나 어릴 때는 무엇이 좋은지 또는 무엇이 나쁜지를 판단하지 못하기 때문에 무의식적으로 모방할 수 있다. 나아가 어릴 때부터 오랜 시간 동안 모방을 계속하게 되면 몸가짐이나 목소리 또는 사고 방식이 '습관'과 '성향'으로 굳어진다고 말한다. 만약 우리가 좋은 것을 모방하면 성장해서도 좋은 습관과 성향을 가질 수 있지

만, 나쁜 것을 모방하면 성장해서도 나쁜 습관과 성향을 가지게 된다.[7]

아리스토텔레스는 성품의 탁월성이 '습관'을 통해 이루어진다고 말한다.[8] 아리스토텔레스가 말하는 '습관'이라는 개념은 현대인에게 오해를 불러일으킬 수 있다. 흔히 습관이라 하면 사람들은 무심코 하는 행동으로 오해하기 쉽다. 그렇지만 아리스토텔레스는 어떤 사람이 자신이 무엇을 하고 있는지 알고 결정을 했을 때 오직 그 때에만 탁월하게 행동한 것이라고 말한다.[9] 그렇기 때문에 탁월성 자체가 무심코 하거나 반사적으로 하는 습관적 행동과는 다르다고 할 수 있다. 그것은 의식적으로 반복하는 훈련을 통해 가능하다.

알렉산드리아의 클레멘트(Clement of Alexandria)는 영혼의 훈련이란 영혼이 올바른 판단을 하는 데 익숙해지도록 하는 것(ethismos)이라고 말한다.[10] '습관화' 또는 '익숙함'은 습관(ethos)에서 나온 '익숙하다'(ethizo)에서 파생되었다. 이것은 아리스토텔레스가 말한 '성격' 또는 성향(ethos)과 밀접한 관련이 있다.[11] 무소니우스(Musonius)도 영혼의 훈련이란 실제적인 선과 외관상의 선을 구별하는 데 익숙해지는 데 있다고 한다.[12] 클레멘트나 무소니우스에게 공통적으로 나타나는 영혼 훈련의 기능은 다음과 같다. 그것은 영혼이 철학적 이론이나 원리를 따르는 데 익숙해지는 것이며, 철학적 개념들을 우리의 습관적 행동을 결정할 우리의 성격 속에 흡수하는 것이다.

에픽테토스는 우리에게 일어나는 것들을 주의 깊게 성찰하면 우리가 해야 하는 것과 할 수 있는 것을 발견할 수 있으며, 나아가 이러한 방식에 점차 익숙해지면 외부의 현상들에 사로잡혀 일을 그르치는 일은 적어질 것이라고 말한다.[13]

"네게 일어난 모든 일에서 너는 너 자신을 향해 돌아서야 하는 것을 기억하라. 네가 어떤 능력으로 다루어야 할지를 기억하라. 만약 네가 아름다운 소년이나 소녀를 본다면, 너는 자제력(enkrateia)을 발견할 것이다. 만약 네게 고난이 닥친다면, 너는 인내(karteria)를 발견할 것이다. 만약 네가 모욕을 당했다면 참을성(aneksikakia)을 발견할 것이다. 네가 이러한 방식으로 습관을 들이게 된다면, [외부] 현상들(phantasiai)이 너를 낚아채지 못할 것이다"

우리는 영혼의 훈련이 지속적으로 반복되어야 한다는 사실을 분명하게 인지할 필요가 있다. 마르쿠스 아우렐리우스는 영혼 훈련을 반복적으로 할 필요성을 주지시키듯 특정한 주제들을 계속 반복한다.

습관화와 소화의 비유

영혼의 훈련은 철학적 원리들을 우리의 일상적인 습관 속에 통합하려는 일종의 실천적 훈련이다. 이러한 습관화는 우리의 행동을 변화시키는 우리의 성격의 변화를 포함한다. 에픽테토스는 이러한 훈련을 통한 습관화의 과정을 음식의 소화에 비유하여 설명한다.[14]

"어떤 경우라도 너 자신을 철학자라 부르지 말라. 그리고 너의 [철학적] 원리들(theorematon)에 대해서도 말하지 말라. 다만 행동으로 보여 주어라…네가 소화하지 못한 것을 즉각적으로 토할 수 있는 위험이 크기 때문이다. 양들은 자신들이 얼마나 많이 먹었는지를 보여 주기 위해 목자에게 보여 주지 않는다. 양들은 음식을 안에서 소화하고 밖으로 양털과 양유를 생산한다. 너도 그렇게 하라. 사람들 앞에서 너의 원리들을 드러내지 말고 그것들이 소화되었을 때 나오는 행위들을 보여 주어라."

세상 사람들을 향해 우리 자신이 가진 철학적 원리들을 소리칠 필요는 없다. 마치 양들이 자신들이 '안'으로 먹은 것이 무엇인지 굳이 보여 주지 않아도 우리는 양들이 그것들을 소화하여 '바깥'으로 양털이나 양유를 내는 것을 보고 충분히 알 수 있다. 우리도 자신이 안에 무엇을 가졌는지 굳이 보여 주지 않아도 충분히 소화하고 체화하여 행동으로 드러나는 것을 보여 주면 된다는 것이다. 에픽테토스는 영혼이 철학적으로 발전하기 위해서는 적절한 시간이 필요하다고 말한다. 마치 과일이 익기 위해 시간이 필요한 것과 마찬가지이다. 만일 사람들에게 그들이 들었던 것을 스스로 소화시킬 기회를 주지 않는다면 그들은 그것을 게워 낼 수 있다. 그것은 아직 그들 자신의 것을 만들지 못했기 때문이다. 말하자면 그들이 자신이 배운 철학적 이념들을 충분히 소화시키지 못한다면 결국 그것들에 따라 행동할 수 없어서 그들의 말과 행동 간의 불일치만 생길 뿐이다.

철학적 원리들은 우리가 완전히 소화했을 때에만 가치를 얻는다. 음식이 소화되었을 때에만 변형되어 '신체'의 부분으로 되는 것처럼, 철학적 영양분도 소화되어야만 '영혼'의 부분이 될 수 있다. 그 때에만 우리의 성격(ethos)으로 변형되어 궁극적으로 우리의 행동을 변형시킬 수 있다. 영혼의 훈련은 철학적 소화 과정, 즉 이론적 원리를 행동으로 바꾸는 방식으로 영혼을 변형시키는 과정과 같다. 이러한 점에서 영혼의 훈련은 철학적 원리들을 우리의 일상적인 삶 속에서 습관화시키려는 일종의 실천적 훈련이다. 이것은 우리의 행동을 변화시키는 우리의 성격이 변화되는 것을 포함한다. 우리는 진정한 의미의 철학자가 되기 위해서는 이론적인 탐구뿐만 아니라 철학적 훈련을 받아야 한다. 만약 이러한 훈련이 성공적으로 이루어진다면 우리의 삶의 방식은 변화될 수 있는 것이다.

영혼의 체화

이제까지 아리스토텔레스철학에서 '행복' 개념으로 수렴되었던 그리스철학의 '좋은 삶'의 이상이 헬레니즘 철학을 통해 어떻게 발전되어 왔는지를 검토하였다. 이것은 궁극적으로 철학하는 목적을 성찰하고 삶의 방식을 변화시키는 것이라는 그리스철학의 주요 목표를 재확인하기 위한 것이다. 우리는 그리스철학의 궁극적 목표인 '가장 좋은 삶이 무엇인지'를 알기 위해 플라톤의 좋음의 종류와 아리스토텔레스의 '자족성'과 '완전성'이라는 좋음의 기준을 분석하였다. 또한 플라톤이 좋음을 단지 소유하고 있을 때가 아니라 활용하고 있을 때 유익하다는 주장을 하는 것과 마찬가지로, 아리스토텔레스는 행복을 영혼의 탁월한 활동으로 설명하면서 후천적인 노력이 필요하다고 주장한다.

이미 플라톤이 교육에 있어 모방의 문제를 통해 습관과 성격의 중요성을 간파하였듯이, 아리스토텔레스도 영혼의 탁월성을 성격과 지성에 따라 구분하여 설명하면서 특히 성격의 탁월성이 '습관'의 결과로 생긴다고 주장했다. 이러한 주장은 헬레니즘 철학에서 실제로 영혼의 훈련을 하는 데 특히 '습관화'와 '익숙화'를 강조하는 이론에 기초가 되었다. 헬레니즘 시대에 에피쿠로스학파와 스토아학파는 우리가 실제로 살아가는 데에서 생겨나는 앎과 행위가 일치하지 못하는 문제를 '훈련'(askesis)의 개념으로 풀어 나간다. 우리가 삶 속에서 깨달은 앎을 스스로 체화하기 위해 지속적이고 반복적인 훈련을 통해 습관화시켜 성격으로 변화시킬 필요가 있으며, 이를 통해 우리의 삶의 방식이 실제로 변화될 수 있는 것이다.

III

인식의 훈련과 치유

1

헬레니즘 철학의 목표와 철학적 훈련

진리 인식과 사랑의 광기

'철학' 은 그리스어로 philosophia로 '지혜' 에 대한 '사랑' 을 의미한다. 플라톤은 『향연』에서 철학이라는 말의 핵심적인 용어인 '사랑' (eros)을 욕망의 일종으로 보았다. 사실 플라톤이 철학을 '지혜에 대한 사랑' 이라고 할 때 다양하게 해석될 수 있다. 소피스트의 견해와 달리 인간이 지혜를 완전히 소유하는 것이 어렵다는 사실을 의미한다. 그래서 인간은 단지 지혜를 사랑할 수 있을 뿐이라는 것이다. 플라톤은 에로스를 중간자라고 한다. 에로스는 신과 인간의 중간자이요, 앎과 무지의 중간자이요, 아름다움과 추함의 중간자이다. 만약 지혜롭다면 지혜를 추구하지 않을 것이다. 이미 지혜를 가졌기 때문이다. 만약 무지하다면 또한 지혜를 추구하지 않을 것이다. 지혜를 알지 못하기 때문에 지혜를 추구할 수조차 없기 때문이다.

그러나 '사랑'이라는 말을 통해서 알 수 있듯이 단지 이성적으로 뿐만 아니라 감정적으로도 미친 듯이 추구해야 하는 것이다. 플라톤은 『파이드로스』에서 신적인 광기(mania)의 종류를 아폴론으로부터 오는 예언적 광기, 디오니소스로부터 오는 비의적 광기, 무사이들로부터 오는 시적 광기, 아프로디테로부터 오는 사랑의 광기 등 네 가지로 나누었다.[1] 여기서 사랑의 광기는 영혼의 사랑을 말하며 지혜나 진리에의 사랑을 가리킨다. 그리하여 철학은 단순히 진리를 추구하는 것이 아니라 진리를 사랑하는 것이며 진리에 미치는 것이다. 더욱이 '사랑'에는 실천적 활동이 포함된다. 따라서 진리를 가르치는 활동도 중요시된다. 이를 그리스인들은 파이데이아(paideia), 즉 교육이라 부른다. 플라톤은 아카데메이아를 설립하여 진리 공동체를 형성하였다. 스승과 제자가 함께 살아가면서 대화를 통해 진리를 향해 나아가려 했다. 말로 배우는 것도 중요했지만 행동을 보고 배우는 것도 매우 중요하였다.

진리 공동체와 치유의 역할

헬레니즘 시대에 철학 학교들은 설립자의 학문적 특성이나 학교의 생활 방식에 따라 구분되었다. 당대 4대 학교는 플라톤이 세운 아카데메이아, 아리스토텔레스가 세운 리케이온, 에피쿠로스가 세운 정원학파, 제논이 세운 스토아학파 등이다. 이 학교들은 소피스트가 아닌 소크라테스의 이상을 따라 제자들에게 교육비를 받지 않고 가르쳤으며, 일반 대중에게도 문호를 개방하였다. 헬레니즘 시대의 각 학파들은 좋은 삶이란 평정심을 유지하는 삶이라 생각한 것처럼 보인다. 인간은 무지하기 때문에 삶에 대해 고통, 절망, 불안, 두려움을 가진다. 이것은 실제로 삶 자체가 그렇기 때문이 아니라 삶에 대한 가치판단 때문에 그렇다. 따라서 고통에서 해방되기 위해서는 인간의 사유 방식을 변화시킬 필요가 있다.

고대로부터 철학은 영혼을 치유하는 학문으로 인식되었다. 플라톤은 의사는 신체를 돌보지만 철학자는 영혼을 돌본다고 말한다.[2] 영혼을 돌보면 영혼을 알 수 있다. 또한 영혼을 알 수 있으면 영혼을 지배할 수 있다. 영혼이란 자기 자신을 가리키는 말이기도 하다. 그러므로 자기 자신을 잘 돌보는 사람이야말로 자기 자신을 잘 지배할 수 있는 사람이다. 철학은 자기 자신을 지배하는 기술인 동시에 다른 사람을 지배하는 기술이기도 하다. 플라톤은 이상 국가에서 최초의 교육을 신체의 훈련과 영혼의 훈련으로 나누어 설명한다. 근본적으로 영혼과 신체의 조화를 이루면 영혼의 병이 자연히 치유될 수 있다고 생각한다. 헬레니즘 시대에도 철학은 영혼을 치유하기 위한 일종의 훈련을 제공한다고 생각되었다.

철학과 삶의 기술

철학은 영혼의 병을 치유하는 중요한 이론이자 훈련이다. 그것은 인간이 삶을 살아가는 기술이자 원리이다. 스토아 철학은 바로 '삶'을 대상으로 삼으며 삶을 살아가는 방식과 관련된 기술(techne)에 주요 관심이 있었다. '삶의 기술'이라는 개념은 소크라테스의 삶의 철학에 기원을 두고 있지만 스토아학파가 본격적으로 개념화시켰다. 스토아학파는 특히 철학의 이론이나 담론뿐만 아니라 훈련에도 관심을 많이 가졌다. 이미 아리스토텔레스가 탁월성의 훈련과 습관화를 강조했던 것처럼, 스토아학파도 실천적 수련에 많은 관심을 가졌다. 철학자가 되려는 사람은 자기 자신을 훈련해야 한다. 그것은 영혼을 위한 훈련과, 영혼과 신체 모두를 위한 훈련으로 구분된다. 후자는 추위나 더위, 배고픔이나 갈증, 고통이나 불편함 등을 견디는 훈련이다. 이러한 훈련은 영혼까지도 강하게 만들어 준다.

이것은 오늘날 금욕이라 불리는 것과 유사하다. 현대어에서 말하는 '금욕적' (ascetic) 또는 '금욕주의' (asceticism)이란 말은 고대 그리스어의 훈련을 의미하는 아스케시스(askesis)에서 나왔다. 한자어로 금욕(禁慾)은 그리스어 아스케시스의 적절한 번역으로 보이지는 않는다. 그렇지만 고대인들이 신체와 영혼을 단련시키기 위해 사용하는 방법들 중 일부는 현대에서 금욕적이라 불리는 방법들이라 할 수 있다. 키니코스학파(견유학파)의 금욕은 모든 문명이 주는 안락과 편리를 포기하고 추위, 더위, 배고픔, 갈증 등을 견디는 훈련이었다. 에피쿠로스학파의 금욕은 진정한 쾌락에 도달하기 위해 적절하지 않은 욕망을 제한했다. 스토아학파의 금욕은 사물에 대한 가치판단을 버리고 무심하게 바라보라고 한다.

에피쿠로스의 쾌락과 자족성

에피쿠로스학파에게 행복한 삶은 고통이 없고 평정심을 유지하며 친구들과 함께 자족적인 삶을 사는 것이다. 일반적으로 에피쿠로스학파의 철학을 쾌락주의(hedonism)라고 말한다. 에피쿠로스학파의 목표는 쾌락(hedone)이다. 에피쿠로스학파가 말하는 쾌락은 흔히 사람들이 생각하는 것과 다르다. 그들은 이미 자신들에 대한 오해를 예견한 듯이 다음과 같이 말하고 있다.[3]

"우리가 "쾌락이 목적이다"라고 할 때, 방탕한 자들의 쾌락이나 육체적인 쾌락을 의미하는 것이 아니다. 이것은 우리를 모르거나 편견을 가졌거나 악의적인 생각을 가진 사람이 우리를 이해했던 방식이다. 우리가 말하는 쾌락은 신체의 고통이나 영혼의 혼란이 없는 것이다."

에피쿠로스학파는 삶을 즐겁게 만드는 것은 밤새 술 마시고 흥청거리거나, 또는 배가 부르도록 많이 먹는 것과 같이 욕구를 만족시키는 것이 아니라고 한다. 그것은 오히려 쓸데없는 추측들을 몰아내고 제대로 사유하는 것(logismos)이라고 말한다.[4] 이를 위해 에피쿠로스학파가 말하는 핵심적인 능력은 실천적 '지혜'(phronesis)이다. 그들은 좋은 삶을 살기 위해 필요한 탁월성들이 바로 실천적 지혜로부터 나온다고 생각한다.[5]

"지혜는 우리에게 "지혜롭고 아름답고 정의롭게 살지 않으면 즐거운 삶이 아니며, 반대로 즐거운 삶이 아니라면 지혜롭고 아름답고 정의로운 삶이 아니다"라고 가르치기 때문이다. 다시 말해 탁월성은 본성적으로 즐거운 삶에서 길러지며, 즐거운 삶은 탁월성으로부터 분리 불가능하다"

여기서 쾌락이란 고통이 없는 상태, 즉 '아포니아'(aponia)를 말한다. "모든 고통스러운 것들을 제거하는 것은 쾌락의 크기의 한계이다. 쾌락이 있는 곳에서는 그것이 있는 한, 신체의 고통도 영혼의 고통도 없으며, 두가지 모두의 고통도 없다"[6] 우리가 쾌락에 대한 욕구를 느끼는 것은 "쾌락이 존재하지 않아서 우리가 고통을 느낄 때" 뿐이며, "우리가 고통을 느끼지 않을 때 우리는 더 이상 쾌락을 필요로 하지 않는다."[7] 그렇지만 에피쿠로스학파는 항상 쾌락만을 선택하지는 않으며, 비록 고통이 나쁘다 할지라도 항상 고통을 피하지는 않는다. 왜냐하면 우리는 좋은 것을 나쁜 것으로 다루고, 나쁜 것을 좋은 것으로 다룰 수도 있기 때문이다.

에피쿠로스학파는 고통으로부터 벗어나 내적으로 자유로울 때를 '자족'(autarkeia)이라 말한다. 그들은 '자족'을 좋은 것이라 생각한다. 자족은 우리가 많은 것을 갖지 못하더라도 만족할 수 있게 해 준다. 엄밀히 가장 자족적인 존재는 신들이다. 신들은 "어떠한 고통도 모르며 다른 것들에 고통을 주지 않는다."[8] 그러나 인간은 신들과 달리 고통에서 완전히 자유롭지 못하다. 인간은 늘 무언가 결핍된 존재로서 욕망하기 때문이다. 우리가 자족할 수 있다면 자유를 얻을 수 있을 것이다. 근본적으로 에피쿠로스학파의 철학적 목표는 쾌락이다. 그것은 신체의 고통이나 영혼의 혼란으로부터의 자유라고 정의하였다. 이러한 내적 자유가 바로 쾌락이기 때문에 '자족'은 진정한 쾌락에 도달하는 데 필요하다. 그리하여 최고의 즐거움의 경지인 아타락시아(ataraxia), 즉 평정심에 도달할 수 있다.

스토아학파의 무정념과 평정심

헬레니즘 시대의 학자들은 철학적 목표로서 엄밀한 의미의 '행복'보다는 더 친숙하고 덜 추상적인 영혼의 '평정'을 선택하였다. 평정심이란 용어는 그리스어로 아타락시아(ataraxia)와 가장 유사한 의미를 가졌다. 키케로와 세네카는 데모크리토스의 좋은 기분이나 마음 상태를 가리키는 에우튀미아(euthymia)를 라틴어로 번역하여 '트란퀼리타스'(tranquillitas)이란 개념이 사용했다. 세네카는 에우튀미아와 트란퀼리타스를 번갈아 가면서 사용하고 있는데 아타락시아를 염두에 두고 사용한 것으로 볼 수 있다.[9]

에피쿠로스학파는 평정심에 도달하기 위해 인간을 고통으로 몰아가는 신이나 죽음에 대한 쓸데없는 두려움을 제거해야 한다고 한다. 회의주의자들은 사물들에 대해 가치판단을 하지 않는 판단중지로 평정심에 도달할 수 있다고 한다. 스토아학파는 자연에 따른 삶을 산다면 평정심에 도달할 수 있다고 한다. 그들은 무정념의 상태에서 평정심에 도달한 사람을 '현자'라고 부른다. 정념이란 본성적으로 과도해지기 쉽다. 그것은 "영혼의 비이성적이고 비자연적인 운동"이다.[10] 스토아학파는 정념을 판단으로 보았다. 그것은 정념에 포함된 상황이나 사태에 대한 믿음, 판단, 욕구 등을 포함하기 때문이다. 인간은 두려움과 공포 및 고통 등 부정적 정념들에 의해 영혼이 혼란을 일으킬 수 있다. 그렇지만 무정념(apatheia)을 아무 정념도 없는 것이라고 한다면 희망이나 기쁨 등과 같은 좋은 정념(eupatheia)까지 제거하는 것은 문제가 될 수 있다. 그러나 처음에 전제했던 것처럼, 정념이 과도해지는 것을 제거하는 정도를 가리킨다면 전혀 문제가 되지 않을 것이다.

행동의 원인으로서의 욕구와 인식

인간의 삶을 구성하는 가장 기본적인 단위가 행동이라 한다면, 인간 행동의 추진력이 되는 것은 욕구일 것이다. 그렇지만 인간의 욕구 외에 다른 중요한 행동의 원인이 있다. 그것은 바로 인간의 '인식' 능력이다. 인간은 자신이 느끼고 생각하고 판단하는 대로 행동한다. 스토아학파는 정확한 인식능력과 판단을 무엇보다도 중시하였다. 인간은 외부 대상이나 세계에 대한 인식을 통해 이런 저런 방식으로 판단하고 행동하게 되기 때문이다. 그러므로 인식이 행동의 주요 원리가 되기도 한다. 특히 이성적이고 객관적인 판단이 필요한 경우에 더욱 강조될 수 있다. 여기서는 헬레니즘 시대의 스토아학파의 문헌들을 분석하여 이 세계에서 자신을 보존하기 위한 인간의 행동 양식의 단초가 되는 인식론의 기본적인 논의를 추출하고 영혼의 훈련과 치유의 기본 원리들을 찾아보려 한다.

나는 여기서 헬레니즘 시대의 스토아학파의 문헌들을 분석하여 이 세계에서 자신을 보존하기 위한 인간의 행동 양식의 단초가 되는 인식론의 기본적인 논의를 추출하고 영혼의 훈련과 치유의 기본 원리들을 검토하려 한다. 우선 스토아학파의 인식론의 근간을 이해하기 위해 헬레니즘 이전 철학이 인식의 과정에서 감각 표상 또는 인식 표상을 어떻게 설명하는지를 살펴보고, 스토아학파의 주장과 비교해 볼 것이다. 다음으로 스토아학파에서 주장하는 인식 표상의 주요 역할과 기능에 대한 분석하고 당대 회의주의의 비판에 대해 인식의 기초 자료로서 인식 표상의 지위를 어떻게 확보했는지를 살펴볼 것이다. 마지막으로 스토아학파가 처방하는 치유의 원리들 중 인식과 관련된 세 가지 원리들을 선택하였다. 가장 대표적인 세 가지 원리들을 중심으로 세 가지 훈련들에 대해 명칭을 붙였다. 그리하여 첫째 '사물 그 자체'의 인식과, 둘째 우주적 관점, 셋째, 위로부터의 조망을 제시하고, 이와 관련하여 인식론적 훈련으로 사물에 대한 '분별력 훈련'과 우주 속으로의 '자아 확장 훈련' 및 높은 곳에서 모든 것을 조망하는 '초월적' 또는 '탈세속화' 훈련을 제시하였다. 이러한 인식론적 훈련을 통해 헬레니즘 시대의 스토아학자들이 생각하는 좋은 삶이 무엇인지를 검토하고자 한다.

2

인식 훈련의 원리

2.1 판타시아의 기능과 종류

판타시아의 번역과 수용

헬레니즘 시대의 스토아학파의 인식론의 단초를 이해하기 위해서는 먼저 판타시아(phantasia)에 대한 논의가 어떻게 변천이 되었는지를 살펴볼 필요가 있다. 현대어로 판타시아는 우리말로 번역하기 어려운 용어이다.[1] 로스(Ross)는 판타시아를 이미지(image)로 해석했다.[2] 아리스토텔레스가 말하듯이, 판타시아를 주로 감각 대상이 사라지고 감각-지각이 끝난 후에 나타나는 잔상으로 해석했기 때문이다. 그러나 햄린(Hamlyn)은 판타시아의 주요 기능을 '판타스마를 만들어 내는 것' 으로 보면서, 판타스마가 지각적 현상과 이미지를 포괄하는 것으로 본다.[3] 근대에 홉즈가 말하는 '사라져 가는 감각' (decaying sense)이나 흄이 구분하는 '인상과 관념' (impression and idea), 나아가 칸트가 사용하는 '구상력' (Einbildungskraft)과 유사하다.

사실 판타시아의 번역어 선정이 쉽지 않은 이유는 무엇보다도 아리스토텔레스가 매우 폭넓게 사용하여 현대어로 포괄할 수 있는 용어가 없기 때문이다. 영어에서는 주로 이미지image로 번역되기도 하지만, 그리스어에서 사용되는 의미를 포괄하지 못하고 오해의 여지가 많다. 그래서 그리스어 표기대로 판타시아를 그대로 사용하는 경우가 많다. 그것은 감각-지각을 통해 들어온 것이 일정한 지속력을 가져서 사유하는 데 자료가 되는 것이라 할 수 있다. 과거에는 주로 이미지, 상상, 환상, 표상 등으로 번역이 되었지만 합의가 이루어지지 않았다. 그러나 우리말로 굳이 번역한다면 '인식 표상'이라는 표현도 나쁘지 않다고 생각한다. 고대 그리스철학에서 체계적으로 인식의 과정을 설명하면서 판타시아를 본격적으로 규명하려 했던 아리스토텔레스의 논의를 검토할 필요가 있다.

아리스토텔레스는 『영혼론』에서 다양한 인식능력들을 분류하면서 판타시아에 대해 새롭게 조명하면서 인식론에서 차지하는 위치와 역할을 가름하려고 시도했다. 그는 우선 인식능력을 크게 감각과 지성으로 나누고 지각으로부터 사유에 이르는 과정의 연속성을 설명하고 있다. 근본적으로 감각-지각은 자체적 감각과 부수적 감각으로 나뉘며, 자체적 감각은 다시 고유 감각과 공통 감각으로 나뉜다. 일단 감각-지각을 통해 들어온 감각-자료들(aisthemata)은 일차적인 인식 자료들이라 하지만 실제적인 역할은 별로 없다. 왜냐하면 감각-자료들은 지속성을 가지고 있지 않기 때문이다.[4] 물론 시간의 흐름 속에서 감각-자료들은 감각-표상들로 변형되기 때문에, 인식의 원천으로서 일정한 역할을 한다고 볼 수 있다. 그렇지만 감각-자료들이 지속성을 가지지 못한다면 인간의 기억 체계에서 인식의 기초 자료로서의 역할이 거의 없다.

그렇다면 감각-자료를 대체할 수 있는 다른 인식의 원천은 무엇이라 할 수 있는가? 그것은 감각-자료로부터 생겨났으며 시간을 통해 일정한 지속력을 획득한 감각-표상이라 할 수 있다. 이러한 측면에서 감각-표상은 실질적으로 인식의 기초적 자료로 활용될 수 있다. 그렇다면 감각-표상을 산출하는 판타시아(phantasia)는 어떤 기능을 하는가? 아리스토텔레스는 플라톤이 비판적이었던 '현상'을 구제하려는 노력을 하였고, 감각과 사유의 연속선상에서 매개적 역할을 하는 판타시아(phantasia)를 규명하기 위해 상당한 노력을 기울였다.

그러나 판타시아에 대한 인식론적 지위를 새롭게 부여하는 작업은 쉽지 않았기 때문에 후대 학자들 간에 논란을 가장 많이 불러일으킨 부분이기도 하다.[5] 이런 과정에서 여러 학자들이 판타시아의 위치와 역할이 애매모호하다는 비판도 많이 있었지만, 최소한 우리는 아리스토텔레스의 텍스트에 근거하여 분명한 입장을 정리할 수 있다. 아리스토텔레스는 판타시아를 감각의 일종으로 보았고 사유 활동과도 밀접한 연관을 갖는다고 생각하였다. 인식 단계와 과정에서 감각-자료들(aisthemata)로부터 판타스마타(phantasmata)가 생겨났으며, 감각 표상들로부터 사유-자료들(noemata)이 생겨난다. 이러한 측면에서 스토아학파가 판타시아로부터 적절한 표상을 찾으려 했던 시도는 아리스토텔레스에게서 역사적 맥락을 찾아 볼 수 있다.

스토아학파의 감각 표상의 기능

이와 같이 스토아학파가 인식의 기초를 표상들(phantasiai)에 두고 있는 것은 우연이 아니다.[6] 그렇지만 스토아학파에서는 표상들에 대한 표현 방식이 아리스토텔레스와 구별되는 점들이 나타난다. 아리스토텔레스에게서 판타시아(phantasia)는 주로 기능이나 능력 또는 과정을 지칭할 때 사용되며, 그것에 의해 생겨난 내용물이나 결과물을 판타스마(phantasma)나 판타스마타(phantasmata)라고 지칭하는 경우가 대부분이다. 그렇지만 때때로 판타시아는 판타스마를 대신하는 표현으로 사용되기도 한다. 그러나 스토아학파는 판타시아와 판타스마를 구별하고 다르게 사용한다. 사실 아리스토텔레스는 한편으로 인식의 원천으로서 판타스마타를 일정한 지속성을 획득한 감각-자료들로 설명하기도 하지만, 다른 편으로 감각-자료들로부터 직접적으로 생겨난 것이 아닌 이미지들로 설명하는 부분도 있다. 이것이 판타시아가 오늘날 상상력이나 구상력의 기원이 되는 측면이라 할 수 있다.

스토아학파는 아리스토텔레스가 설명한 판타시아의 두 가지 기능을 분리하여 기존의 개념들을 새롭게 유형화하였다. 판타시아(phantasia)는 사유-자료의 원천인 감각 표상을 지칭하고 판타스마(phantasma)는 상상에 의한 허상을 지칭하는 것으로 설명한다. 크뤼시포스(Chrysippus)는 판타시아(phantasia), 판타스톤(phantaston), 판타스티콘(phantastikon), 판타스마(phantasma)를 모두 다른 것으로 설명한다.[7] 판타시아는 표상 또는 인상(impression), 판타스콘은 감각-대상(impressor), 판타스티콘은 상상(imagination), 판타스마는 허상(figment)으로 규정한다. 감각 표상은 영혼 안에 영향을 받아 생기는 것이다. 크뤼시포스는 감각 표상(phantasia)이란 용어가 빛(phos)에서 파생되었다고 생각했다. 그리하여 '빛'과 유비적으로 설명하고자 한다. 외부의 대상은 여러 감각들을 통해 영혼에 찍힌다. 이런 방식으로 찍힌 감각 표상은 그것의 원인, 즉 감각 대상을 드러낸다. 빛이 자신을 드러내는 방식으로, 감각 표상도 자신을 드러내는 것이다. 감각 표상의 원인은 '감각 대상'으로 가령 흰 것이나 차가운 것 또는 영혼을 활동하게 하는 모든 것을 가리킨다. 그러나 '상상'은 감각 표상과 달리 어떠한 감각 대상도 가지지 않는다. 또한 감각 표상은 '허상'과도 다르다고 한다.[8] 허상은 꿈꿀 때 일어나는 환상적인 사유의 일종인 반면에, 표상은 영혼 속에 찍힌 것이다. 근본적으로 스토아학파는 감각 표상이 실재로부터 인과적으로 생긴 것이기 때문에 허상과 다를 수밖에 없다고 생각한다.[9]

스토아학파에게 표상은 '실재'(hyparchonta)로부터 생기며, 실재 그 자체와 일치하며, 마치 도장 찍힌 듯이 각인된 것이다.[10] 말하자면 표상은 실재로부터 생기기 때문에 인과적으로 오류 불가능하다는 것이다. 그렇지만 당시 회의주의는 우리의 표상이 실재로부터 인과적으로 생겨났다고 하더라도 일일이 대조할 수 없기 때문에 그 표상의 기원이 불분명할 경우에는 판단중지(epoche)를 해야 한다는 비판을 했다. 하지만 회의주의의 입장 자체가 만약 표상의 원인으로서 외부 대상에 대해 원천적으로 접근 불가능하다고 주장한다면 궁극적으로 진리를 탐구할 수 없다는 난관에 부딪치게 된다. 스토아학파는 오류의 원인을 설명하기 위해 표상의 종류를 새롭게 구분하였다. 일반 사람들의 경우에 때때로 적절한 표상과 부적절한 표상을 식별하지 못할 수 있기 때문에 오류가 생길 수 있다. 하지만 전문가의 경우에는 그렇지 않기 때문에 적절한 표상을 가질 수 있다고 한다.[11]

스토아학파의 감각 표상의 종류

스토아학파는 표상의 기능과 관련하여 오류가 생기는 원인을 설명하기 위해서는 표상의 종류를 구별할 필요가 있다. 이미 아리스토텔레스도 판타시아가 감각과 함께 작용하느냐 또는 사유와 함께 작용하느냐에 따라 판타시아의 종류를 구분했었다. 즉 감각 능력과 관련된 판타시아는 지각적 판타시아(aisthetike phantasia)라고 부르고 있는 반면, 사유 능력과 관련된 판타시아는 추론적 판타시아(logistike phantasia)라고 부르기도 하고, 때로는 심사숙고적 판타시아(bouleutike phantasia)로 부르기도 한다.[12] 디오게네스 라에르티우스는 스토아학파의 표상의 종류를 다음과 같이 소개하고 있다.[13] 우선 스토아학파는 '적절성'과 관련하여 두 가지로 표상의 종류를 구별한다. 하나는 인식 표상이고 다른 것은 비인식 표상이다. 인식 표상은 진리의 기준이 되며 존재하는 것으로부터 생겨나서 존재하는 것에 의해 찍히고 각인된 것이다. 비인식 표상은 존재하는 것으로부터 생겨난 것이 아닌 것이다. 스토아학파의 인식론은 철저하게 경험에 기초하고 있다. 실제로 로크의 백지설의 원형적인 특징이 스토아학파의 인식론에 이미 나타나고 있다. 스토아학파에 따르면 "인간은 태어날 때 무언가 쓰일 수 있는 한 장의 종이와 같은 영혼의 지배적인 부분을 가진다. 이것에 인간은 자신의 개념들을 하나하나 쓴다."[14] 우리가 최초로 개념을 가질 수 있는 방법은 감각-지각을 통해서이다. 우리는 감각을 통해 어떤 것을 지각하지만 그것이 사라지면 그것에 관한 감각-지각의 내용을 이미지 또는 표상으로 기억하게 된다. 현실에서 수많은 비슷한 종류의 기억들이 생겨날 때 우리는 경험을 가진다고 말한다.

다음으로 스토아학파는 '인식능력'과 관련하여 두 종류의 표상들을 구별한다. 첫째, '감각'과 관련하여 표상들은 감각적 표상과 비감각적 표상으로 분류된다. 감각적 표상들은 하나 또는 그 이상의 감각-기관들을 통해 획득된 표상들이지만, 비-감각적 표상들은 이성에 의해 획득된 비물체적인 것들과 다른 것들의 표상들이다. 즉 감각적 표상들은 감각-지각을 통해 획득된 것으로 감각 능력과 관련이 있지만, 비-감각적 표상들은 사유를 통해 획득된 것으로 이성적 능력과 관련이 있다. 둘째, '이성'과 관련하여 표상들은 이성적 표상과 비이성적 표상으로 나뉜다. 이성적 표상은 이성적 동물의 표상을 말하고 비이성적 표상은 비이성적 동물의 표상을 말한다. 이성적 표상은 사유이며, 비이성적 표상은 이름이 없다.

2.2. 스토아학파의 진리 기준

스토아학파의 인식 표상과 동의

스토아학파에서는 보다 엄밀한 진리의 기준을 확립하기 위해 인식의 기초로 삼는 감각-표상들과 관련하여 몇 가지 논란들이 있었다. 실제로 몇 가지 전승에 따르면 스토아학파 간에도 약간의 차이를 드러내고 있다. 스토아학파의 창시자 제논은 인식 작용 또는 내용(katalepsis)을 진리의 기준으로 말한다. 그러나 크리시포스와 안티파테르 및 아폴로도로스는 인식 표상(kataleptike phantasia)을 진리의 기준이라 말한다.[15] 그 외에도 보에티우스는 지성(nous), 감각(aisthesis), 욕구(orexis), 앎(episteme) 등 다른 다양한 진리의 기준을 제시한다. 또한 포시도니우스는 올바른 이성(orthos logos)을 판단 기준으로 제시하기도 한다.[16] 일반적으로 스토아학파의 여러 학자들의 주장을 검토해 보면 일관적이지 않아 보이지만, 대체로 현존하는 스토아학파의 주요 텍스트들은 대체로 '인식 표상'(kataleptike phantasia)을 진리의 일차적 기준으로 삼고 있다.[17] 스토아학파의 창시자 제논과 크리시포스의 불일

치는 제논의 불분명한 입장을 크리시포스가 보완하는 주장으로 해석되고 있다.[18]

스토아학파에서 인식 표상은 무엇보다도 사물의 진리를 파악하도록 해 주는 원천이라 할 수 있다. 스토아학파는 대상 파악 표상이 외부 대상에 상응하여 생겨났으며 인과 관계에 의해 발생했기 때문에 명석판명하다고 생각했다. 물론 그것이 믿을 만하지 않을 상황이 벌어질 수도 있다. 선대 스토아학자들은 인식 표상을 진리의 기준으로 말했지만 후대 스토아학자들은 "방해물이 없을 경우"라는 단서를 붙였다. 왜냐하면 외부 환경 때문에 그것이 믿을 만하지 않는 상황이 있을 수도 있기 때문이다. 가령 헤라클레스가 죽은 자들로부터 알케스티스(Alkestis)를 데리고 돌아와 아드메토스(Admetos) 앞에 섰을 때, 아드메토스는 알케스티스의 인식 표상을 가졌지만 믿지 않았다.[19] 왜냐하면 아드메토스는 이미 알케스테스가 죽었다는 것과 장례 의식까지 치렀기 때문이다. 그래서 눈앞에 알케스티스가 살아 돌아왔는데도 알케스티스로 인식하지 못했던 것이다.

그래서 인식 표상이 무조건적으로 진리의 기준이 되는 것은 아니며 어떠한 방해도 없을 때에 가능하다. 그렇지만 이러한 경우가 아니라면 인식 표상은 자명하고 명확하여 인식의 기초 자료로서 활용된다. 이런 경우에 그것은 거의 우리의 머리를 잡아당기듯이 '동의'(synkatathesis)하도록 만들기 때문에, 올바르게 진리를 탐구할 수 있는 단초로 사용될 수 있다고 생각했다.[20] 스토아학파는 외부에서 방해하는 요소만 없다면 인식 표상이 외부 대상의 모습과 상응하기 때문에 너무 명확하다고 생각하기 때문이다. 그것은 외부에 실재하는 대상으로부터 생겨나며, 실재하는 대상과 일치하며, 마음에 찍힌 것과 같이 각인되었기 때문에 참인 표상이며 거짓 표상과 분명하게 구분된다. 그렇지만 이것은 당시 회의주의의 공격을 피하기는 어려웠다.

회의주의의 반박과 판단중지의 한계

스토아학파는 인식 표상이 정상적인 인과 과정을 통해 형성되어 진리의 단초로 사용할 수 있다고 생각했다. 그렇지만 회의주의 입장에서 그것은 단지 가능한 진리 판단의 기준들 중 하나일 뿐이며, 참과 거짓을 판별해 줄 절대적인 근거가 될 수 없다고 반박한다. 그러므로 회의주의는 진리의 기준에 대해 다시 확인하고 정당화하는 과정이 필요하다고 말한다.[21] 근본적으로 회의주의는 진리를 추구하는 과정에서 모든 주장에 대해 모순되는 주장이 제기될 수 있다고 주장한다. 여기서 모순되는 두 주장은 서로 동일한 힘을 가지고 있어 우리가 어느 쪽으로도 동의하지 못하는 상황이 벌어진다. 결국 판단중지(epoche)를 할 수밖에 없게 되고 평정심을 찾을 수 있게 된다.[22] 다시 말해 "아무 견해도 없이 어느 쪽에도 기울지 않으며 흔들리지 않아야 한다. 그런 상태에 있는 사람은 우선 아무 말도 하지 않게 되고, 다음으로 평정심의 경지에 이르게 된다."[23] 회의주의가 근본적으로 상대의 주장을 반박하는 자신의 주장을 내세우려는 의도는 자신의 주장을 결론으로 확정지으려는 것이 아니다.

회의주의는 단지 두 가지 주장이 어느 쪽도 더 옳다고 말할 수 없는 상황으로 이끌기 위한 것이며, 결국 두 가지 주장이 모두 동일한 힘을 가지게 하여 판단중지를 하게 만들려는 의도이다. 그렇기 때문에 회의주의는 자신의 주장이 최종 결론이 되어야 한다고 주장하지 않는다. 단지 자신의 주장을 '그럴듯한' 주장으로 말할 뿐이다. 그것은 단지 판단중지에 이르기 위한 수단일 뿐이며 이러한 목표에 이르면 폐기될 수 있는 주장이다. 회의주의의 목표는 궁극적으로 판단중지에 이르게 하여 평정심을 찾게 하는 데 있기 때문이다. 우리가 정확히 알 수 없는 것에 대해 아무런 근거도 없는 판단을 하고 견해를 갖는 것이 우리에게 병이 될 수 있다. 그러므로 회의주의는 어떤 주장이든 그것에 모순되는 주장을 발견할 수 있다고 생각한다. 그런데 이 주장들이 서로 동등한 힘을 가지고 있기 때문에 우리는 어느 쪽에도 동의하지 못하고 결국 판단중지(epoche)할 수밖에 없다. 그렇지만 판단중지를 하게 되면 평정심이 생겨난다.[24] 이런 방식으로 회의주의는 인간의 영혼을 치료할 수는 있다고 한다.

그러나 스토아학파는 회의주의의 반박에 대해 인간의 인식능력에 대해 신뢰를 가지며 감각-지각을 통해 획득한 감각 표상이 외부 대상을 있는 그대로 보여 줄 것이라 생각했다. 더욱이 만약 회의주의의 방식으로 진리를 인식할 수 없다고 주장한다면 우리가 삶을 영위해 나갈 수단을 빼앗아 버리는 것으로 우리의 삶 전체를 내던져 버리는 것과 마찬가지라고 생각했다.[25] 따라서 스토아학파는 감각-지각에 대해 신뢰하는 낙관적인 태도를 가졌다는 비판을 받으면서도 근본적으로 인식 표상을 인식과 행동의 시발점으로 보고 있다. 외부 대상에 대한 감각 표상이 우리의 영혼에 들어오면 우리의 영혼은 이것에 대해 '동의'를 하게 된다. 이러한 동의는 인간의 이성적 판단 능력과 연관이 있다. 우리는 먼저 우리에게 나타나는 것을 그대로 수용하기보다는 먼저 우리에게 나타난 표상이 적절한 것인지 아닌지를 검토해 볼 필요가 있다. 우리는 표상으로 주어진 것과 표상에 덧붙여진 것을 구별할 수 있는 능력을 가져야 하며, 증명되지 않거나 증명할 수 없는 신념이나 가치판단이 덧붙여지지 않은 표상들에만 동의하도록 우리의 인식능력을 올바르게 훈련하는 것이 중요하다.

3

인식 치유의 원리

3.1 '사물 그 자체'의 인식과 분별력의 훈련

감각-지각의 확실성과 불분명성

스토아학파가 제안하는 인식론적 훈련들 가운데 가장 일차적인 원리는 '사물 그 자체'로 돌아가라는 주장이다. 이것은 우리가 일상적으로 바라보는 사물들이 사물의 본래적인 모습이 아니라는 것을 전제로 한다. 인간은 외부 대상에 대해 다양한 감각 표상들을 수용한다. 그런데 동물과 달리 인간은 감각 표상에 대해 수동적일 뿐만 아니라 능동적인 태도를 갖는다. 그리하여 감각 표상을 자발적으로 해석하고 판단할 수 있게 된다. 우리는 우리가 받아들인 최초의 감각-표상 자체에 국한하여 판단하는 것이 아니라 우리의 선입견이나 가치판단을 반영하여 판단하기 쉽다. 그래서 플라톤은 '나타난다'(phainetai)는 말이 의미하는

것은 지각(aistheseos)과 믿음(dokses)의 혼합이라고 말하였다.[1]

우리에게 나타난 것은 외부 대상의 정확한 지각은 아니다. 우리는 외부 대상을 개별적인 관점에서 해석하고 판단한다. 그리하여 그것들은 개인 자신의 선입견과 믿음을 반영한다. 아리스토텔레스는 인식의 과정에서 일차적으로 판타시아(phantasia)가 단지 감각 자료로부터 나온 감각 표상으로서 인식의 기초 자료라고 설명한다. 그렇지만 판타시아는 단지 인식의 기초 자료로 활용될 뿐만 아니라, 상상이나 환상 또는 허상 등의 원천으로 사용되기도 한다. 아리스토텔레스는 판타시아가 이러한 것들의 원인으로 작용하는 경우는 감각이 제대로 기능을 하지 못할 때라고 말한다.[2]

> "우리가 감각 대상에 대해 정확하게 [감각들을] 활용할 때가 아니라 오히려 명확하게 지각하지 못할 때, 우리는 그것이 우리에게 인간인 것처럼 보인다(phainetai)고 말하며, 그것은 참이거나 거짓이다."

감각이 분명하고 정확하게 제 기능을 할 때는 별다른 문제가 발생하지 않는다. 그렇지만 감각이 지각에 필요한 여러 조건들이 불충분하여 대상을 명확하게 구별하지 못하게 될 때 판타시아가 개입할 수 있다. 이로부터 우리는 판타시아가 의식적으로든 또는 무의식적으로든 우리의 감각-자료들을 해석하고 있다는 것을 알 수 있다.[3] 이와 같은 방식으로 인식 과정에서 우리는 불분명한 감각 자료들을 자신이 기존에 가졌던 경험들에 의해 해석하여 수용하는 경향이 있다. 인식 주체의 개인적인 삶의 역사 속에서 자신의 경험과 유사하게 보이거나 생각되는 것들과 동일화하는 과정에서 개인의 선입견이나 가치관 등이 적절하지 못하게 덧칠해지는 경우가 많다. 따라서 사물을 그 자체로 보지 못하고 믿는 대로 보게 되면서 좌절이나 절망 또는 고통을 느끼게 된다.

최초의 감각 표상과 우리의 믿음

에픽테토스도 외부 대상에 대한 최초의 감각 표상과 그것에 대한 믿음들을 구분해야 한다고 생각했다. 일반적으로 인간은 이러한 믿음으로 인해 동요하게 된다. 만약 우리가 단지 우리에게 주어진 감각-표상만을 수용한다면 감정이나 정념에 의해 휘둘리지 않는다. 그러나 인간은 외부 대상 세계를 인식할 때 최초의 감각 표상에다 상상력이나 그 외 다른 능력들을 통해 그것을 확장시켜 현실에 상응하지 않는 이미지들을 산출하게 된다.[4]

> "내가 바다에 나가 심연을 응시하거나 주위의 물을 둘러보고 어떠한 대지도 보지 못하면, 나는 나 자신 옆에서 만약 배가 난파된다면 바다에 의해 삼켜질 것이라 상상한다. 세 가지가 충족된다고 즉각 그것은 내 머리 속에 일어나는 것은 아니다. 그렇다면 나를 심란하게 하는 것은 무엇인가? 바다인가? 아니다. 그것은 나의 믿음(dogma)일 뿐이다."

만약 바다에 나갔는데 사방을 둘러보아도 바닷물만 보인다고 해 보자. 그런데 여기에 만약 폭풍우가 치고 배가 난파하게 될 수 있다고 상상을 하는 순간 나는 두려움을 가지게 되고 점차 공포에 휩싸이게 될 수 있다. 그렇지만 에픽테토스는 이렇게 내 마음을 어지럽히는 것은 내가 만들어 낸 믿음 때문이라고 말한다. 그러므로 우리에게 '사물 그 자체로 돌아가라' 고 말한다.[5]

"사람들은 사물들 그 자체가 아니라 사물들에 관한 그들의 믿음 때문에 심란해진다. 예를 들어 죽음은 전혀 두려운 것이 아니다. 만약 그렇다면 소크라테스에게도 그렇게 생각되었을 것이다. 그러나 죽음이 두렵다는 믿음, 바로 이것이 두려운 것이다. 그렇기 때문에 우리가 방해를 받거나 심란하거나 슬픔을 겪을 때라도 결코 다른 사람을 탓하지 말고, 우리 자신, 즉 우리 자신의 믿음을 탓해야 한다."

에픽테토스는 우리를 심란하게 만드는 것은 사물 그 자체가 아니라 사물에 대한 우리의 믿음(dogmata) 때문이라고 한다. 가령 우리를 모욕하는 것은 욕을 하거나 때리는 사람이 아니라 그 사람에 대한 우리의 믿음이라는 것을 기억해야 한다고 말한다. 특히 누군가 우리를 화나게 할 때 바로 우리의 판단(hypolepsis)이 화나게 하는 것이라는 사실을 잊지 말아야 할 필요가 있다.[6]

사물 그 자체로 돌아가라

우리는 사물을 그 자체로 바라보지 않는다. 늘 어떤 관점이나 입장에서 바라보며 자기 방식대로 판단하고 이해하는 습관이 있다. 우리는 살아가면서 점차 모든 것에 대해 자신의 믿음이나 판단을 덧붙여 설명하는 데 너무 익숙하다. 그래서 사물 그 자체와 그것에 대한 믿음이나 견해를 분리시키지 못하는 경우가 많다. 나아가 이로 인해 자기 자신도 어디까지 사물이나 사건 그 자체에 관한 것이고 어디까지 그것에 대한 자신이나 다른 사람의 믿음이나 견해인지를 구분하지 못하게 되는 지경에 이른다. 그렇기 때문에 우리는 사물을 그 자체로 보는 훈련을 할 필요가 있다.

마르쿠스 아우렐리우스도 역시 우리에게 '사물 그 자체로' 돌아가라고 강조한다. 그는 우리가 고통을 당할 때 사물 그 자체 때문이 아니라 그것에 대한 우리의 판단 때문이라고 한다.[7]

"어떤 외적인 것으로 네가 고통(lupe)을 당한다면, 너를 괴롭히는 것은 그 외적인 것이 아니라, 그것에 대한 네 판단(krima)이다. 그리고 그 판단을 없애 버리는 것은 네게 달려 있다. 너를 괴롭히는 것이 네 안에 있는 어떤 것이라면, 네가 네 마음을 바꾸는 것을 대체 누가 막는단 말인가?"

우리를 고통스럽게 하는 것은 바로 대상 그 자체보다는 그것에 대한 우리의 판단이다. 이러한 판단은 근본적으로 판타시아 또는 감각 표상으로부터 나온다. 아리스토텔레스는 "감각 없이는 판타시아는 일어나지 않으며, 판타시아 없이는 '판단' (hypolepsis)도 없다"고 한다.[8] 우리가 판단을 하는 데에는 반드시 감각 표상이 필요하다. 감각 표상을 기초로 하여 판단하기 때문이다. 그러나 대부분 사람들은 자신들에게 주어진 최초의 감각 표상에 의존하기보다는 그것에 대한 자신이나 또는 다른 사람의 믿음이나 판단에 의존하게 된다. 그래서 그것에 종속될 수밖에 없고 결코 자유로워질 수 없기 때문에 괴로워하게 된다. 그러므로 외부 대상 그 자체로부터 생겨난 최초의 수동적인 감각 표상 이외에 자기 자신을 포함한 어느 누구의 믿음이나 판단에 의존해서는 안 된다.[9]

"최초의 표상들(phantasiai)이 네게 전해 주는 것 이상을 자신에게 말하지 말라. 어떤 사람이 너에 대해 악담을 하더라는 말을 들었다고 하자. 너는 악담을 하더라는 말만 전해 들었을 뿐이지, 그로 인해 네가 해를 입었다는

> 말을 전해 들은 것은 아니다…언제나 최초의 표상들만을 고집하고 네 마음속으로부터 거기에 뭔가를 덧붙이지 말라. 그러면 너에게 아무 일도 일어나지 않는다. 무엇을 덧붙이려거든 우주 안에 일어나고 있는 일들을 일일이 알고 있는 사람으로서 덧붙여라."

우리에게 최초로 나타난 것 이상으로 생각하지 말아야 한다. 그것 자체로 받아들이고 다른 어떤 것도 덧붙일 필요가 없다. 만약 그것에 대해 무언가를 덧붙이고 싶다면, 우주 전체로까지 확장시켜 생각하고 말해야 한다.

궁극적으로 스토아학파의 표상과 판단에 대한 주장은 표상을 검토하여 그것들이 포함한 어떠한 가치판단을 거부하는 것이다. 사물은 그 자체로는 좋은 것도 나쁜 것도 아닌 것으로 나타난다. 단지 우리가 그것에 대해 이런 저런 판단이나 견해를 덧붙이게 되면서 좋은 것과 나쁜 것이 갈라지게 되는 것이다. 그러므로 우리는 어떤 것을 바라볼 때 그것에 대한 우리의 선개념이나 선입견 등을 버리고 그것 자체로 볼 필요가 있다.[10]

> "사물들의 원인들(aitiode)을 깔끔하게 벗겨 내고 보아라. 인간 행동의 목표를 보아라. 고통과 쾌락과 죽음과 명성을 보라. 누가 우리 자신의 불안에 책임이 있는지를 보아라. 아무도 우리를 방해하지 못한다. 모든 것이 우리의 판단(hpolepsis)이라는 점을 생각하라."

마르쿠스는 우리가 사물들을 그 자체로 보아야 하며, 그 외에 우리 자신이나 다른 사람들이 덧붙이고 덧칠한 것들을 모두 벗겨 내야 한다고 말한다. 대부분의 사람들이 가장 관심이 있는 즐거움과 고통 또는 죽음이나 명예 등도 그것들 자체보다는 우리가 그것들에 대해 가지는 불분명한 견해들이나 믿음들로 인해 심란해지는 것이다. 따라서 우리는 우리에게 주어진 최초의 감각 표상에 다른 가치 판단이나 믿음을 덧붙이지 않도록 자신을 훈련할 필요가 있다.

우리가 사물들을 그 자체로 보는 훈련을 지속적으로 하게 되면 영혼의 혼란도 점차 줄어들게 될 것이다. 우리는 태어나면서 사물들을 바라보며 습관적으로 자신의 관점과 견해들을 채색하여 판단하는 습관을 가지고 있다. 따라서 어떤 것을 바라볼 때 우리는 항상 어떠한 전제를 가지고 들어가는 경우가 많다. 여기서 주의할 점은 우리가 자신의 선개념과 선입견이 항상 이런 저런 방식으로 현재의 판단에 오랫동안 습관적으로 개입되면 반성적이고 비판적 사유가 마비될 수 있다는 것이다. 따라서 우리 스스로 매 순간 사물들을 있는 그대로 바라보려고 의식적으로 훈련을 해야 한다는 것이다. 이를 통해 우리의 영혼을 어지럽히는 많은 문제들이 자연스럽게 해결될 수 있으며, 결국 우리의 영혼이 치유되는 효과를 얻을 수 있다.

3.2 우주적 관점과 자아 확대의 훈련

모든 것은 변한다

스토아학파의 에픽테토스에 의한 표상들과 판단들의 분석은 마르쿠스 아우렐리우스 사상의 주요 원천이 될 뿐만 아니라 독자적인 철학적 관점과 방법을 개진하는 데 원동력이 된다. 마르쿠스에게 '우주의 관점'은 특정한 관점과 가치판단으로부터 벗어나 있다. 그것은 인간의 억견(doxa)을 거부하고 순수 학문적 관점에 접근하며 사물을 있는 그 자체로 경험하는 것과 관련이 있다. 스토아학파의 철학적 입장은 소크라테스 이전 자연 철학자들과 유사한데, 특히 마르쿠스의 우주의 개념은 헤라클레이토스의 우주의 개념과 유사하게 보인다.

헤라클레이토스는 모든 것은 항상 변하고 있다고 주장한다. "헤라클레이토스는 모든 것은 나아가고 아무것도 제자리에 머무르지 않는다고 말하며, 있는 것들을 강의 흐름에 비유하면서 너는 같은 강물에 두 번 들어갈 수 없을 것이라고 말한다."[11] 시간이 흘러감에 따라 강을 채우고 있는 기존의 물은 흘러 나가고 새로운 물이 흘러 들어와서 다른 강이 되어 버렸을 뿐만 아니라, 기존에 그 강에 들어갔던 나 자신도 지금 이 강에 들어선 나 자신과 다르게 되었다. 단적으로 헤라클레이토스는 동적인 관점에서 모든 것은 변할 수밖에 없다는 사실을 극명하게 밝히고 있다.

영원히 흐르는 강의 비유

마르쿠스도 거의 유사한 주장을 하고 있다. 모든 것은 변화하고 있다(panta en metabole).[12] 우리 자신은 물론이고 우주 전체도 끊임없이 변화한다. 우주의 변화는 끊임없이 흘러간다. 그리하여 그것은 마치 영원히 흐르는 강과 같다.[13]

> "사물들이 얼마나 빠르게 변화하고 파멸하는지를 생각해 보라…가령 그것들의 실체는 영원히 흐르는 강과 같고, 그것의 활동은 연속적으로 변하고, 그것들의 원인은 한없이 다양하고, 결코 정지하지 않는다. 과거의 무한성과 모든 것이 사라지는 미래는 바로 우리 곁에 있다."

마르쿠스는 헤라클레이토스와 마찬가지로 모든 것이 변화한다는 것을 영원히 흐르는 '강'에 비유하여 설명한다. 그렇지만 모든 변화하는 것은 우연적 방식이 아니라 일정한 원리 또는 법칙에 의해 생성되었다가 소멸된다고 생각한다. 우리는 모두 생성되었다가 소멸되는 과정을 겪을 수밖에 없다.[14]

> "너는 이 세계에 한 부분으로서 존재한다. 너는 네가 태어났던 곳으로 사라질 것이다. 아니 오히려 너는 변화의 과정에 의해 생성의 원리 또는 법칙으로 돌아갈 것이다."

궁극적으로 모든 것이 일정한 법칙에 따라 변화하고 있다는 주장을 통해 우리에게 말하려는 것은 무엇인가? 그것은 대부분의 사람들이 모든 것이 변화한다는 것을 아는 것처럼 말하나, 실제로 변화하지 않는 것처럼 생각하기 때문에 고통을 받는다고 생각한다.

영원한 우주 법칙과 해방

우리가 알고 있는 모든 것, 즉 사람이나 사랑 또는 재물 등이 변한다는 것을 항상 인식하고 있어야 한다. 그러기 위해서는 사물들이 매 순간마다 변화하는 중에 있는 것처럼 보는 훈련이 필요하다. 만약 우리가 영원한 시간의 관점에서 모든 것이 얼마나 빨리 변화하는지를 관찰해 보면 생성 이전의 시간과 소멸 이후의 시간이 끝이 없다는 것을 알게 될 것이다. 그러면 우리는 우리를 괴롭히는 수많은 것들로부터 벗어날 수 있다.[15]

> "너를 괴롭히는 대부분의 쓸모없는 것들로부터 너는 벗어날 수 있다. 그것들은 단지 너의 판단 속에서만 있기 때문이다. 전 우주를 끌어안고, 무한한 시간을 관조하고, 모든 개별적인 사물들이 빠르게 변화하는 것을 보아라. 생성과 소멸 사이의 시간이 얼마나 짧은지를 생각하라. 생성되기 이전의 무한한 시간을 생각해 보고, 생성되기 이후의 무한한 시간을 생각하라."

우리 자신의 영혼을 우주 전체로 확대하여 모든 것이 단지 연속적인 변화의 상태에 있다는 것을 인식하고, 어떤 것도 영원한 우주의 법칙을 비켜갈 수 없다는 것을 깨닫게 되면, 우리가 그토록 욕망하던 대상들에 대한 집착으로부터 해방될 수 있다. 우리에게 정해진 시간은 아주 짧은 순간에 지나지 않고 영원 속으로 사라진다.[16]

> "각 사람에게 정해진 시간은 무한하고 영원한 시간의 얼마나 작은 부분인가? 그것은 순식간에 영원 속으로 사라져 버리고 만다. 그것은 실체 전체의 얼마나 작은 부분이며, 영혼 전체의 얼마나 작은 부분인가? 그리고 너는 대지 전체에서 얼마나 작은 흙더미 위를 기어 다니는가?"

영원이라는 시간의 관점에서 우리가 이 세계에서 살아가는 순간은 찰나에 불과하다. 우리가 태어나고 죽는 것은 모두 자연의 법칙에 따른 것이다. 이 영원한 우주의 법칙에서 누구도 비켜날 수 없다. 따라서 우리가 겪는 고통도 즐거움도 영원하지 않다. 그러므로 우리는 우리에게 주어진 것을 견뎌 내야만 한다. 이것이 인간에게 가장 위대한 것이다.

3.3 '위'로부터의 조망과 탈세속화 훈련

영혼의 상승과 날개

이 세계를 바라볼 때 인간의 관점에서 살펴보느냐 또는 신의 관점에서 바라보느냐에 따라 세계를 이해하는 방식이나 태도가 현격히 달라질 수 있다. 호메로스의 서사시는 우리에게 신들의 관점에서 인간들의 전쟁을 바라보는 관점을 보여 주고 있다. '영혼의 상승과 비행' 이라는 주제는 고대 종교나 철학에 종종 등장한다. 고대 동굴벽화를 보면 샤만의 영혼이 새로 변해 초월적인 세계로 여행했다가 돌아오는 방식으로 신들의 예지를 받아 돌아오는 모티브를 그린 것들이 등장한다.

플라톤은 인간 영혼의 본성을 설명하기 위해 신화를 사용하여 설명하는 가운데 영혼의 비행에 대해 묘사하기도 하였다.[17] 영혼은 본성적으로 날개를 가지고 있었으며 천상에 머물렀는데, 신들과 함께 향연에 참여하기 위해 비행을 하다가 영혼의 마차들이 서로 부딪치면서 날개가 부러져 지상으로 추락하였다고 한다. 그렇지만 영혼이 진리를 인식하게 되면 언젠가 고향, 즉 신들의 세계로 돌아갈 수 있다고 한다. 영혼이 날아오르기 위해 '날개' 가 필요하지만 신체와 결합되어 지상에 묶여 있는 것이다. 그러나 영혼은 궁극적으로 신들의 세계로 돌아갈 수 있는 기능과 능력을 가지고 있다.

영혼의 자유와 위대성

인간은 살아 있는 한 신체로부터 분리되기 어렵지만 영혼은 때때로 신체로부터 자유로움을 경험하기도 한다. 그것은 시공간의 범주를 넘어서는 인간의 사유의 힘과 영혼의 신적 본성이라는 특별한 개념과 연관되어 있다.[18] 인간의 영혼은 사유를 통해 엄청나게 빠른 속도로 움직일 수 있으며, 시공간의 제한 없이 어떤 대상이든 사유할 수 있다. 그렇지만 인간의 신체는 다른 도구의 도움을 받지 않는 한 단 한 발자국도 지상에서 떠날 수 없다는 것을 우리는 너무도 잘 알고 있다. 고대 철학자들은 인간의 영혼이 얼마나 위대한지를 놀라워한다.

헤라클레이토스는 "그대는 모든 길을 다 밟아 보아도 영혼의 한계를 찾을 수 없을 것이다. 영혼은 그토록 깊은 로고스를 가지고 있다."[19]고 한다. 플라톤에 따르면, 영혼은 '땅 아래 깊숙한 곳에' 그리고 '하늘 위 높은 곳'까지 다니며, 저속하고 하찮은 것에 관여하지 않는다.[20] 그리하여 영혼이 모든 시간과 모든 것의 본질에 대해 관조(theoria)를 한다면 세속적인 삶을 대단하게 여기지 않게 된다.[21]

영혼의 비행과 '위'로부터의 조망

'영혼의 비행'은 고대 구석기로부터 그리스 서사시를 통해 플라톤과 플라톤주의는 물론이고 스토아학파와 에피쿠로스학파 등에서도 모두 발견된다. 특히 플라톤주의와 스토아학파에게 우주에 관한 자연학의 목표는 영혼의 위대함에 도달하는 것이었으며, 사람들에게 인간사를 경멸하고 내적 평화에 도달하도록 가르쳤다.[22] 마르쿠스 아우렐리우스는 우리가 마치 별들처럼 회전하면서 이 세상에 존재하는 모든 것들이 어떻게 생성되고 소멸하는지를 관찰한다면, 지상에서 살아가면서 생겨나는 온갖 욕망들을 깨끗하게 털어내 버릴 수 있다고 말한다.[23]

"별들의 운행을 살펴보아라. 마치 네가 별들을 따라 회전하는 것처럼 말이다. 또한 원소들이 어떻게 서로 다른 것들로 변화하는지를 항상 마음에 새겨 두어라. 이러한 생각들이 지상에서의 삶의 더러움을 정화시키기 때문이다…사람들에 관해 말할 때 저 위에서 지상을 내려 보듯이 바라볼 필요가 있다."

마르쿠스는 특히 사람들에 대해 말할 때는 하늘의 별들처럼 저 위에 높은 곳에서 아래로 내려다보듯이 바라보라고 한다. 사람들은 지상에서 살아가면서 다양한 욕망으로 점철된 삶을 살아간다. 하늘 저 위에서 별들처럼 인간의 삶을 내려다보면 모든 것은 언젠가 지나가 버리고 말 것들이다. 나아가 과거부터 현재, 그리고 미래에 이르기까지 살았고, 살고 있고, 살게 될 사람들의 삶을 생각해 본다면 이름도 알 수 없는 무수한 삶과 죽음이 반복되고 있다는 것을 알게 된다. 지상에서 잠시 살다 갈 인생에 집착할 필요가 없다. 마르쿠스는 저 위에서 지상의 모든 것을 바라본다면 이 또한 언젠가 지나가 버릴 것에 지나지 않는다고 말한다.[24]

"수많은 군중들, 수많은 제의들, 수많은 폭풍과 고요 속의 항해들, [이 세상에] 태어난 사람들과 삶 속에서 연관된 사람들, 그리고 삶을 떠난 사람들의 변화 상태를 보아라. 또한 다른 사람들이 이전에 살았던 삶과 다른 사람들이 네가 죽은 후에 살게 될 삶과, 지금 이방의 나라에서 살아가고 있는 삶을 생각해 보라…얼마나 많은 사람들이 너의 이름조차 알지 못할 것인지, 얼마나 많은 사람들이 너의 이름을 금방 잊게 될 것인지, 얼마나 많은 사람들이 지금은 너를 칭송하지만 내일이면 경멸할 것인지를 생각해 보라. 또 기억된다는 것은 아무런 가치가 없다. 명성도 마찬가지다. 모든 것이 아무런 가치가 없다는 것을 생각해 보라."

우리는 과거에 살았던 수많은 사람들을 모두 기억하지 못한다. 또한 현재 우리와 함께 살아가는 사람들도 기억하지 못하며, 나아가 미래를 살아갈 사람들도 우리를 얼마나 빨리 망각하게 될 것인지를 생각해 보라. 우리가 소중하게 생각하는 기억이나 명예나 권력 등도 모두 언젠가는 사라져 버릴 것들이다. 우리가 이것들을 깨닫게 된다면 동요하지 않고 평정심을 잃지 않을 것이다.

'위'로부터의 조망은 사물에 대한 우리의 가치판단을 바꾼다. 사치, 권력, 전쟁, 국경, 일상적인 삶에 대한 걱정 따위가 모두 우스꽝스러워진다.[25] 우리는 모든 것을 위에서 아래로 조망하는 훈련을 통해 우리가 현세에서 욕망하고 집착하는 것들에서 벗어날 수 있다. 이러한 탈세속화 훈련이 영혼을 동요시키는 병을 치유하여 평정심을 유지하는 훌륭한 삶을 영위할 수 있다는 것이다.

* * *

헬레니즘 시대에 이르러 철학은 새로운 국면을 맞이하게 되었다. 소크라테스 이후 철학의 이론들이 체계화되어 가다 다시 헬레니즘 시대에 다양한 학파들이 생겨나 기존의 이론들을 훈련하고 실천하는 데 중점을 두게 된다. 특히 스토아학파의 에픽테토스나 세네카는 음식의 소화에 비유하여 철학적 이론을 충분히 이해하여 행동할 수 있는 능력을 중시한다. 마치 음식을 제대로 소화시키지 않고 삼키기만 하면 다시 게워 내야 하는 것처럼, 이론도 충분히 체화시키지 않고 받아들이기만 하면 행동으로 나오지 않는다.[26] 우리가 철학적 논의를 이해하는 것도 여러 단계가 있다. 처음부터 보거나 들으면서 이해할 수 있는 부분이 있지만, 이해한 것이 행동으로 변화될 수 있을 정도로 체화되는 데는 많은 시간이 걸린다. 그래서 스토아학파는 철학적 '소화'(pepsis)를 인식과 행위가 상호작용이 가능한 본질적 과정이라 생각한다. 그렇기 때문에 헬레니즘 시대의 철학자들은 항상 잊지 않고 기억할 수 있도록 인식이나 행동의 원리에 관한 주요 가르침을 정리하여 익히곤 했다.

그렇지만 일단 우리가 현실에서 철학적 실천을 하기 위해서는 정확한 인식과 판단을 필요로 한다. 따라서 당시 헬레니즘 시대의 학파들은 기본적으로 자연학과 인식론 및 윤리학에 대한 주요 논의들을 발전시켰다. 스토아학파의 경우도 이미 헬레니즘 이전 시대의 그리스철학의 주요 이론을 수용하고 변용하고 있다. 스토아학파에게 영혼의 훈련은 일정한 방식으로 인간 행동을 습관화하는 것과 관련이 있다. 그것은 이미 아리스토텔레스가 말했던 것과 같이 덕과 밀접히 연관된다. 영혼의 훈련은 단 한 번이나 몇 번으로 완성되지 않는다. 그것은 삶을 통해 지속적으로 훈련해야 하는 것이다. 그렇지 않으면 우리의 삶의 방식을 완전히 변화시킬 수 없기 때문이다.

스토아학파가 제시하는 인식론적 훈련은 철학적 삶의 방식으로 변화하기 위한 가장 근본적인 방법이다. 인식을 통해 행동으로 나아가는 데에는 수많은 단계와 과정이 있다. 하지만 우리의 인식을 조금만 전환시켜도 다른 세계가 펼쳐질 수 있다. 플라톤의 동굴의 비유에서 동굴 안의 수인이 처음으로 고개를 돌려 뒤를 돌아보는 인식의 전향은 결국 동굴 밖의 세계로 나아가게 되는 중요한 단계이다. 스토아학파가 제시하는 것처럼 아주 단순하고 간단해 보이기도 하는 인식론적 훈련 원리들을 반복적이고 지속적으로 훈련하지 않는다면 이론과 실천의 간격을 좁히기 어렵다.

첫 번째 '사물 그 자체'를 바라보는 훈련은 이미 우리가 세계에 대해 무의식적으로 반복되는 인식의 태도를 완전히 떨쳐 내려는 노력을 동반하지 않으면 다시 일상에 매몰될 수 있다. 두 번째 '우주적 관점'을 취하는 훈련도 매사에 이러한 관점에서 자신을 전 우주로 확장하는 노력을 지속적으로 하지 않으면 명예와 권력 등에 대한 집착에서 벗어나기 어렵다. 세 번째 '위로부터의 조망'을 하는 훈련도 죽음에의 연습과 같이 영혼을 고양시키는 힘든 훈련 과정을 필요로 한다. 그렇지만 스토아학파는 이러한 훈련을 통해 영혼의 수많은 상처나 질병을 치유할 수 있으며 보다 좋은 삶, 행복한 삶으로 나아갈 수 있다고 주장한다.

IV

행동의 훈련과 치유

스토아학파는 철학이 영혼의 치료약이라고 한다. 키케로는, 인간은 영혼과 신체로 이루어진 존재이기 때문에 신체의 질병과 같이 영혼의 질병도 있다고 말한다. 그런데 영혼의 질병이 신체의 질병보다 훨씬 많고 위험하다고 말한다.[1] 그렇지만 영혼이 신체를 치료할 수 있는 약을 발명해 낸 것처럼 영혼 자체를 치료할 수 있는 약을 발명하지 못할 수는 없다. 키케로는 철학이 바로 영혼의 치료약이라고 말한다.[2] 신체의 병을 치료하기 위해서는 외부에서 도움을 얻지만, 영혼의 병은 우리 '스스로' 에게서 도움을 얻어야 한다. 우리는 우리 스스로 자신의 영혼을 치료할 수 있도록 최선을 다해야 할 것이다. 나는 헬레니즘 시대의 스토아학파가 추구한 가장 좋은 삶을 살기 위한 삶의 기술로서 영혼의 윤리적 훈련에 관련된 주요 철학적 원리들을 찾아 정식화하고 현대적으로 해석하여 영혼의 병을 치유할 수 있는 철학적 방법들을 제시해 보고자 한다.

1

행동의 판단 기준과 의지

우리에게 달려 있는 것

스토아학파가 가장 좋은 삶을 살기 위한 실천적 논의의 단초로 생각하는 것은 자연스럽게 인식론과 연관될 수밖에 없다. 우리의 행동의 원리는 대상이나 상황을 분별하고 판단하는 인식능력과 관계되어 있기 때문이다. 그렇지만 우리가 인식한 것을 실천하는 데 이르기까지 특정한 행동의 원리를 선택하고 욕구하는 다양한 과정이 개입된다. 스토아학파의 에픽테토스는 우리에게 영혼의 훈련을 위해 필요한 가장 중요한 판단 기준들을 먼저 제시하고 있다. 우리가 어떤 행동을 할 때 무엇보다도 먼저 검토해야 할 것은 '우리에게 달려 있는 것들'과 '우리에게 달려 있지 않는 것'을 구별하는 것이다.[1]

"이 세상에 존재하는 것들 가운데 어떤 것은 우리에게 달려 있고 다른 것들은 우리에게 달려 있지 않다. 우리에게 달려 있는 것들은 믿음(hypolepsis), 충동(horme), 욕구(orexis), 혐오(ekklisis) 등이다. 한 마디로 우리 자신의 행동들은 우리 자신에게 달린 것이다. 우리에게 달려 있지 않는 것은 육체(soma), 재산(ktesis), 평판(doksai), 지위(archai) 등이다. 한마디로 우리 자신의 행동들이 아닌 것은 우리에게 달린 것이 아니다."

에픽테토스는 우리가 통제할 수 있는 것들과 통제할 수 없는 것들이 있다고 말한다. 먼저 이것들을 구별할 수 없다면, 우리는 수많은 고통을 불필요하게 겪으며 살게 될 것이다. 우리에게 달려 있는 것들은 본성적으로 우리를 자유롭게 하지만, 우리에게 달려 있지 않는 것들은 우리를 노예적으로 만든다. 그래서 우리가 우리에게 달려 있지 않는 것을 추구하게 되면 고통을 당하고 심란해질 것이며, 나아가 신들과 인간들을 비난하게 될 것이다.

우리에게 달려 있는 것만을 생각한다면 우리는 우리 자신의 주인이 될 수 있다. 왜냐하면 우리 자신을 지배할 수 있기 때문이다. 그렇다면 우리는 자유로운 존재가 될 수 있다. 그러므로 누구든지 자유로워지기를 원하는 사람은 자기 자신이 아닌 다른 것이나 다른 사람에게 달려 있는 것들을 추구해서는 안 된다. 만약 그렇게 하지 않으면 우리는 결코 노예 신세에서 벗어날 수 없을 것이다.[2]

"만일 네가 사실상 너의 것만을 너 자신의 것으로 생각하고, 또 다른 사람에게 속하는 것을 다른 사람에게 속하는 것으로 생각한다면, 그 누구도 어느 때고 너에게 강요하지 않을 것이고, 그 누구도 너를 방해하지 않을 것이고, 너는 그 누구도 비난하지 않을 것이고, 그 어떤 사람을 비방하지 않을 것이고, 자의에 반하여 결코 어떤 한 가지라도 행하지 않을 것이고, 그 누구도 너에게 해를 끼치지 않을 것이고, 어떤 적도 없을 것이라는 것을 기억하라. 왜냐하면 너는 해가 되는 어떤 것에도 고통을 당하지 않을 것이기 때문이다."

우리가 우리에게 달려 있지 않는 것을 우리 자신의 것으로 생각하게 된다면, 얼마 가지 않아 좌절을 당하여 고통으로 심란해져서 다른 사람들을 비난하게 되고, 심지어 신들을 비난하게 될 것이다. 그러므로 우리에게 달려 있는 것만을 우리 자신의 것으로 생각하게 되면, 누구도 방해하거나 비난하지 않을 것이며 해를 끼치거나 적도 없게 된다.

자발성과 자유의 원리

그렇다면 우리는 먼저 '우리에게 달려 있는 것'과 '우리에게 달려 있지 않은 것'이 무엇인지를 알아볼 필요가 있다. 최소한 에픽테토스가 이러한 용어들을 철학적 용어로 처음 사용한 것이 아니라는 사실은 분명하다.[3] 아리스토텔레스는 『니코마코스 윤리학』에서 성격의 탁월성을 다루며 '우리에게 달려 있는 것'이 무엇인지에 대해 설명하고 있다. 아리스토텔레스의 입장을 분석하여 에픽테토스의 입장과 비교하면 보다 분명한 해석을 도출할 수 있다. 아리스토텔레스가 '우리에게 달려 있는 것'이라고 생각하는 것은 자발적인 것과 밀접하게 연관된다. 여기서 '자발적'(ekousios) 행위란 '행위의 원인이나 원리(arche)가 자신 안에 있는' 경우를 말한다.[4] 우리의 행동이 자발적일 때 우리는 합리적 선택을 할 수 있게 된다. 아리스토텔레스가 말하는 '합리적 선택'은 그리스어로 프로하이레시스(prohairesis)이다. 합리적 선택은 우리 자신에게 달려 있는 것이다.[5] 그것은 이성적 능력을 사용하기 때문에 이성이 없는 동물은 사용할 수 없다.

아리스토텔레스에게서 '우리에게 달려 있는 것'은 근본적으로 자발적인 행동으로 숙고를 통해 판단되어 합리적으로 선택된 것이라 할 수 있다. 아리스토텔레스는 우리에게 달려 있는 것의 가장 기본적인 의미를 '자발성'에 두고 있다. "자발적인 행위는 그것의 원리나 원인이 되는 것이 우리 안에 있는 것을 말한다. 즉 우리의 행동이 우리 자신으로부터 나온다면 자발적이다."[6] 또한 그것은 인간의 탁월성과 관련이 있다.[7] 가령 우리가 훌륭한 행동을 하거나 또는 하지 않는 것과, 수치스러운 일을 하거나 또는 하지 않는 것은 우리에게 달려 있는 것이다. 나아가 우리가 좋은 사람이 되거나 또는 나쁜 사람이 되는 것과, 고귀한 사람이 되거나 비천한 사람이 되는 것도 우리에게 달려 있는 것이다. 우리가 탁월한 사람이 되거나 좋은 사람이 되거나 고귀한 사람이 되는 것은 모두 우리에게 달려 있는 것이다. 그렇다면 스토아학파에서 말하는 '우리에게 달려 있는 것'은 어떤 방식으로 이해할 수 있는가?

우리에게 달려 있는 것의 기준으로 아리스토텔레스가 '자발성'을 제시했다면, 에픽테토스는 '자유'를 제시한다. 즉 우리에게 달려 있는 것들은 본성적으로 자유롭고 강제되지 않고 방해받지 않는 것이라고 한다.[8] 사실 아리스토텔레스는 행위의 원인이나 원리가 자신 안에 있는 것, 즉 자발적인 것이야말로 우리에게 달려 있는 것이라고 한다. 그리하여 에픽테토스는 모든 일이 자신의 의지에 따라 일어나는 사람은 자유롭다고 한다.[9] 자유로운 사람은 그 자신의 것이 아닌 어떤 것도 추구하지 않는 사람이다. 우리 자신의 것이 아닌 것은 우리에게 달려 있지 않은 것이다.[10] 그리하여 그는 자신이 하고자 하는 일을 하는 데 아무런 방해를 받지 않거나 제약이 없는 사람이다.

에픽테토스는 일차적으로 우리에게 달려 있는 것들만을 우리의 것들로 생각하고 우리에게 달려 있지 않는 것들을 우리의 것들이 아니라고 분명하게 인식한다면 누구도 우리를 비난하거나 해를 끼치지 않을 것이며 어떠한 적도 없을 것이라고 한다.[11] 우리는 어떤 것이 우리에게 달려 있는 것들에 관련되는지, 아니면 우리에게 달려 있지 않는 것에 관련되는지를 우선적으로 음미하고 검토해야만 한다. 다음으로 그것이 우리에게 달려 있지 않는 것과 관련이 있다면 그것은 우리와 아무 관련이 없다고 마음에 새길 필요가 있다.[12] 그리하여 단지 무엇이 우리에게 달려 있고 무엇이 우리에게 달려 있지 않는지를 아는 것에 그치지 않고, 그것을 반복적으로 각인하여 익숙해질 때까지 훈련을 해야 할 필요가 있다.

2

행동의 훈련 원리

스토아학파의 윤리적 훈련의 원리는 기본적으로 '우리에게 달려 있는 것들'과 관련이 있다. 에픽테토스는 가장 적절한 행동을 하기 위해 우리에게 달려 있는 것들을 검토할 필요가 있다고 하는데, 그것들은 믿음(hypolepsis)과 충동(horme), 그리고 욕구(oreksis)와 혐오(ekklisis)이다. 에픽테토스는 훌륭한 사람이 되려는 사람이 훈련을 받아야 하는 세 영역의 탐구들을 다음과 같이 제시한다.[1] 첫째, '욕구'와 '혐오'에 관련된 훈련이다. 우리가 훈련을 한다면 우리는 자신이 욕구하는 것을 얻는 데 실패하지 않을 수도 있고, 우리가 회피하려는 것에 걸려들지 않을 수도 있다. 둘째, '충동'에 관련된 훈련이다. 그것은 행동하려는 충동과 행동하지 않으려는 충동으로 구분된다. 우리가 훈련을 한다면 우리는 올바른 방식으로 적당한 성찰을 한 후에 주의 깊게 행동을 할 수 있다. 셋째, 속임수(aneksapatesian)와 성급한 판단(aneikaioteta)으로부터의 자유에 관한 것으로 일반적으로 동의(synkatatheseis)와 관련된 것을 말한다.

에픽테토스는 영혼을 위해 제시한 세 영역의 훈련, 즉 욕구와 혐오의 훈련, 충동의 훈련, 동의의 훈련을 순차적으로 설명하고 있다. 스토아학파의 세 학문 영역과 연관하여 첫 번째 '욕구'와 '혐오'에 관한 훈련은 자연학과 상응하고, 두 번째 '충동'에 관한 훈련은 윤리학과 상응하며, 세 번째 판단과 '동의'와 관련된 훈련은 논리학과 상응한다는 주장도 있다.[2] 여기서는 행동과 직접적으로 연관된 욕구와 충동을 중심으로 살펴보고자 한다. 그렇지만 그것들이 서로 일치하지 않는다고 의심하는 도빈(Dobbin)이나 반즈(Barns) 같은 학자들도 있다.[3] 물론 그것들이 정확히 일치할 수는 없지만 어느 정도의 상응 관계를 부정할 만한 타당한 근거는 없어 보인다. 우리는 행동을 하는 것과 관련하여 특히 스토아학파가 말하는 자연학과 상응하는 욕구와 윤리학과 상응하는 충동에 관해 검토해 보려 한다. 스토아학파는 욕구를 자연학의 영역과 연관시키지만 삶의 기술과 영혼의 훈련에 긴밀한 관계가 있기 때문이다.

2.1 욕구의 훈련과 자기 보존의 원칙

자기 보존과 자기화

스토아학파는 인간을 포함한 모든 생명체의 행동은 근본적으로 자기 보존을 위한 목적을 가지고 있다고 생각한다. "동물의 최초의 충동은 자기 보존이다."[4] 동물은 자신을 보존하기 위해 살아 있는 한 끊임없이 외부 대상 세계를 자신의 것으로 만드는 일(oikeiousthai)을 할 수밖에 없다.[5] '자기화'는 자기 보존을 위해 필요한 사물로 이끌리며 이것으로 향하는 활동이다. 그것은 스토아학파의 윤리 이론에 매우 중요한 요소로 심지어 이것 없이는 스토아학파도 없다고 말할 정도이다.[6] 인간도 태어나면서부터 '자기화'를 하는 것은 다른 동물들과 다르지 않다. 모든 살아 있는 것들은 인간과 마찬가지로 자기 보존을 목표로 한다. 이 점에는 모든 생명체는 차이가 없다. 그렇지만 인간과 그 외 다른 동물들은 자신의 기능에 따라 자기 보존을 추구하는 방법을 달리 한다.[7] 인간은 근본적으로 로고스, 즉 이성을 가진 존재이다. 그래서 인간은 자기를 보존하는 방식이 다른 동물들과 다를 수밖에 없다. 또한 아리스토텔레스 방식으로 말하자면 이성적 능력은 단지 잠재적으로 있을 때와 그것이 완전히 발휘되거나 실현 되었을 때는 다르게 나타날 수 있다. 인간은 이성을 탁월하게 발휘했을 때, 즉 이성에 따라 사는 삶 속에서 인간으로서의 자기 보존이 제대로 이루어질 것이다. 이러한 점에서 스토아학파에게 목적이란 개념은 매우 중요하다.

인간이 살아가면서 가장 중요한 것은 바로 우리 자신의 존재를 보존하는 일이다. 인간은 자기 자신을 유지하고 보존하기 위해 자신을 지각할 수 있으며 자신을 사랑할 수 있다는 것을 전제해야 한다. 인간은 태어나면서부터 자기 자신에게 이끌리고 자기 자신에게 향한다. 인간과 다른 동물들은 본능적으로 자기 자신을 보존해 주는 것들을 사랑하며, 자기 자신을 파멸하는 것들을 회피한다. 스토아학파는 근본적으로 자기 자신을 사랑하지 않는다면 자기 자신을 보존하기 어렵다고 생각하며, 자기 자신을 사랑하는 것은 자기 자신을 지각할 수 있어야 가능하다. 만약 우리가 자기 자신을 지각하지 못한다면, 그리하여 자기 자신을 사랑하지 못한다면, 근본적으로 어떤 것을 욕구한다는 것은 불가능하다.[8] 우리가 무언가를 욕구하지 못한다면 자기 자신을 보존하기 어렵다. 욕구는 동물이 이런 저런 방식으로 움직이는 데 중요한 원인이 된다.[9] 궁극적으로 동물은 자기 자신을 보존하기 위해, 즉 살아남기 위해 움직인다. 그러나 만약 비이성적인 욕구나 충동에 의해 지배된다면 결국 자기 자신을 온전히 보존하기 어렵다. 인간은 이성을 통해 자신을 최선의 상태로 보존할 수 있게 할 수 있다.

자연을 따르는 삶

근본적으로 욕구의 훈련은 자연에 따르는(kata physin) 삶을 살도록 하는 데 목적이 있다. 에픽테토스는 이것이 가장 긴급한 훈련이며 우리의 감정과 관련되어 있다고 말한다.[10] 우리는 무엇이 자연에 따르는 것인지를 파악하고 우리가 추구하는 올바르지 않은 욕구를 변형시켜야 한다. 우리의 욕구가 자연(physis)에 따라 작용하도록 해야 한다. 에픽테토스는 모든 일이 우리가 원하는 대로 일어나도록 하려 하지 말고 본래 일어나려는 대로 일어나기를 원하라고 충고한다. 우리가 그렇게 삶을 바라보며 살아갈 때 모든 것이 좋게 흘러가게 된다(euroeseis).[11]

> "[이 세상에서] 일어나는 일들이 네가 원하는 대로 일어나게 하려 하지 말고, 오히려 일어나는 대로 일어나기를 원하라. 그러면 [삶이] 좋게 흘러갈 것이다."

이 세계에서 일어나는 일들 중 어떤 것들은 우리의 의지와 상관없이 일어나는 듯이 보이고, 또 어떤 일들은 우리의 의지에 따라 일어나는 듯이 보인다. 그러나 사람들은 자신의 의지와 상관없는 일들을 열망하는 경우가 많다. 상당수의 사람들은 실패와 좌절을 겪고 비관한다. 그렇지만 이 모든 것들은 우리에게 달려 있는 것들이 아니다. 물론 내가 부자가 되고 싶어 처음부터 부자가 되려는 노력들을 하여 실제로 부자가 될 수도 있다. 그렇지만 아무리 나의 노력이 중요하다고 할지라도 나의 의지나 능력만으로 되지 않은 부분이 많다. 우리는 하루아침에 재산이나 명성을 잃을 수도 있다.

이 세계에 존재하는 모든 것들은 서로 밀접한 관계 속에서 변화한다. 우주는 하나의 통합된 유기체를 이루고 있다. 인간은 그것의 한 부분에 불과하다. 우주는 자신과 조화를 이루기를 원하기 때문에 영원히 순환한다. 그것은 그 자신의 본성에 따라 움직이고 다른 것들에 의해 방해받지 않는다. 인간은 우주의 한 부분으로 자신의 욕구를 우주의 법칙과 조화시키려고 노력할 필요가 있다. 우주는 그리스어로 코스모스(kosmos)로 질서 잡혀 있는 세계를 가리킨다. 에픽테토스는 인간이 세계시민이라 불릴 수 있는 이유를 다음과 같이 말하고 있다.[12]

> "네가 이성에 의해 어떤 것과 구분되는지를 생각해 보아라. 너는 짐승과 구분되고 가축과 구분된다. 이 외에도 너는 세계의 시민이며, 그것의 부분이다. 너는 복종하는 것들 중의 하나가 아니라 지배하는 것들 중의 하나이다. 너는 [우주의] 신적 지배(theia dioikesei)를 이해하고 그것의 연계성을 추론할 수 있기(epilogistikos) 때문이다."

인간은 이성(logos)에 의해 다른 동물과 구별되는 존재이다. 그는 신이 우주를 어떻게 관리하고 지배하는지를 알 수 있으며, 또한 우주의 질서를 이해하고 사유할 수 있으며 수용할 수 있다. 그래서 스토아학파는 인간을 세계시민 또는 우주 시민(polites tou kosmou)이라고 말한다. 이것은 세계를 일종의 도시국가(polis)로 비유하여 말한 것이다.

스토아학파의 제논은 삶의 목적을 '자연과 일치하여 사는 것' 이라고 했다. 그것은 탁월성 또는 덕(arete)에 따라 사는 것과 같다. 왜냐하면 자연이 우리를 덕으로 이끌기 때문이다.[13] 다시 말해 인간이 자연에 따라 사는 것은 자신의 탁월성 또는 덕을 잘 발휘하며 사는 것이라 할 수 있다. 나아가 인간의 자연적 본성은 우주적 자연의 부분이라 할 수 있다. 따라서 자연에 따라 사는 것이 바로 삶의 목적이 된다. 그리하여 우주의 보편적 법칙에 따라 사는 것이 자연에 따라(kata physin) 사는 것이며, 또한 이성(logos)에 따라 사는 것이기도 하다. 우리가 이성의 길을 따라 사는 것을 누구도 방해할 수 없다.[14]

> "네가 올바른 이성(orthon logon)에 따라가는데 사람들이 네가 가는 길을 가로막을 수 있다. 그러나 그들은 너를 건전한 행동(hygious prakseos)을 하지 못하게 만들 수는 없다. 또한 네가 그들에게 좋은 마음을(eumeneias) 갖지 못하게 할 수도 없다. 너는 다음 두 가지를 주목하여라. 네 판단(kriseos)과 행위(prakseos)를 확립하는 것과, 너를 방해하거나 다른 방법으로 훼방 놓는 사람들에게 온화한 것(praotetos)이다. 화를 내는 것은 나약함의 표시이기 때문이다. 그것은 [적에게] 굴복하고 투쟁을 포기하는 것과 마찬가지이기 때문이다."

우주 안에서 일어나는 모든 일들은 인과법칙에 따라 일어난다. 그렇다면 우주는 필연적인 법칙에 따라 움직일 수밖에 없다. 만약 그렇다면 우주의 필연적인 법칙 속에서 인간은 과연 어떻게 자유로울 수 있는가를 되물을 필요가 있다. 왜냐하면 이것은 결정론적인 세계관을 반영하기 때문이다. 그래서 우리가 도덕적 선택을 하고 윤리적 행동을 하는 것이 가능하지 않은 것으로 보인다. 그렇다면 우리가 이러한 논의를 하는 것조차 불필요한 것일 수 있다.

그러나 대부분의 사람들은 우주의 필연적 법칙과 인간의 운명과 진정한 자유에 대해 정확히 알지 못한다. 그래서 사람들은 자신에게 주어진 운명을 알지 못하고 운명에 거슬러 살다가 고통을 겪게 되는 것이다. 우리가 자신의 운명을 거부하거나 우주의 질서에서 벗어나려 하며 보편적 이성 또는 자연에 어긋나는 행위나 생각을 한다면 우리는 우주로부터 스스로 분리되어 나온 이 세계의 이방인이며 유배자가 된다.[15]그러나 우주의 본성은 존재하는 모든 것을 포함하므로 그것 외부의 어떤 것도 가지지 않는다. 우리는 자신의 욕구를 우주의 법칙과 조화를 이루도록 노력하여 개인과 우주 간의 간극을 극복해야 한다.

2.2 충동의 훈련과 적절한 행동

스토아학파는 우리가 가진 행동하려는 충동들 중 최초의 충동(horme)도 자기 보존을 지향한다고 말한다. 그러나 충동이 우리 자신의 자연 또는 본성(physin)에 따르게 될 때 '적절한 행동'(kathekon)이라 불릴 수 있다.[16] 이러한 최초의 충동이나 의욕에 의해 일어나는 많은 행동들은 동물이나 유아나 성인에게도 나타난다. 그러나 이성적인 성인들이 보여 주는 적절한 행동들은 이성적 충동에서 나온 것이다. 적절한 행동들 중의 어떤 것들은 무조건적이고, 다른 것들은 상황에 따라 변한다.[17] 스토아학파가 말하는 충동의 훈련은 바로 '자연과 일치하는 삶'과 연관하여 적합한 행동을 선택하는 것과 관련이 있다.

마르쿠스 아우렐리우스는 인간이 이 세계와 가지는 관계들을 세 가지로 구분하고 있다. 그것은 첫째 자기 자신과의 관계이고, 둘째 타자와의 관계이고, 셋째 신과의 관계이다.[18]

> "너에게는 세 가지 관계가 있다. 하나는 너를 담고 있는 그릇과의 관계이고, 다른 하나는 거기에서 모두에게 일어나는 것의 모든 원천인 신적인 원인과의 관계이고, 나머지 하나는 더불어 살고 있는 사람들과의 관계이다."

나는 인간의 충동을 적절히 통제하여 자연과 일치하는 삶을 마르쿠스 아우렐리우스가 제시하는 세 가지 관계를 통해서 설명해 보고자 한다.

자기 자신과의 관계

우선 '자신과의 관계', 즉 윤리적 주체로서의 적절한 행동을 살펴보자. 에픽테토스는 모든 사람들에게 적절한 행동이 있다고 한다. 아무리 동일한 조건이나 상황이라 할지라도 각 사람에 따라 적절한 행동은 달라질 수 있다. 그렇다면 무엇이 적합한 행동이라 할 수 있는가? 먼저 충동이 이성에 의해 지배되지 않거나 자연에 일치하지 않는다면 적합한 행동이 아니라 할 수 있다. 그렇다면 적합한 행위는 이성에 의해 선택한 행위인 반면에, 부적합한 행위는 비이성적인 욕망에 의해 지배되어 하게 되는 행위이다. 이성에 의해 선택한 행위는 자연과 일치하는 행위이며 자연과 조화를 이루는 행위이다. 우리는 그것을 할 수 있는 능력을 자신 안에 가지고 있다.[19]

> "가장 아름답게 살 수 있는 능력(kallista diazen)은 영혼 안에 내재해 있다. 영혼이 무차별한 것들에 대해 무차별하게 생각하기만 한다면 말이다. 그것은 무차별한 것들을 부분적으로 보든 전체적으로 보든, 그것들 중 어떤 것도 우리 안에서 억견을 만들 수 없으며, 우리에게 다가오는 것도 아니라는

점을 생각하게 되면 무차별하게 대할 것이다…그런 것들이 자연(physis)에 따른 것이라면, 그런 것들을 즐겨라. 그것들은 쉬울 것이다. 자연에 어긋나는 것이라면 네 본성(physis)에 맞는 것을 찾고 설사 명성을 가져다주지 않는다 하더라도 그것을 추구하라. 자신의 고유한 선(agathon)을 찾는 사람은 누구나 관용적이기 때문이다."

인간은 누구나 영혼 속에 삶을 가장 아름답고 훌륭하게 살아갈 수 있는 능력을 가지고 있다. 스토아학자들은 자연에 따른 삶을 살아가야 아름답고 훌륭하게 살아갈 수 있다고 한다. 스토아가 말하는 자연은 우주적 질서와 체계 안에서 이해되어야 한다. 인간은 단순한 충동이나 욕망에 따라 살지 않고 우주적 합목적적인 질서에 따라 살기 위해 이성적 훈련이 필요하다. 그리하여 인간에게 자연에 따른 삶은 이성에 따른 삶이 된다. 인간은 이성에 의해 우주의 질서를 이해하고 실천할 때 행복한 삶을 살 수 있는 것이다.

타자와의 관계와 적절한 행동

다음으로 우리가 '타자와의 관계'에서 할 수 있는 적절한 행동을 검토할 수 있다. 그것은 사회적 관계 속에서 우리가 할 수 있는 행동과 관련되며, 이 또한 자연에 따르는 삶과 연관된다.[20]

"우리에게 적합한 행동들(kathekonta)은 일반적으로 우리의 관계들에 의해 결정될 수 있다. 그는 너의 아버지이다. 이것은 그를 보살피고 모든 일에 그에게 복종하며, 그가 꾸짖고 때릴 때도 견뎌야 한다는 것을 의미한다. '그러나 그는 나쁜 아버지이다.' 자연은 너에게 좋은 아버지를 주지는

> 않았지만 아버지이다. 네 형제가 네게 잘못 행동하느냐? 그렇지만 너는 그와의 관계를 유지하여라. 만일 네가 자연에 따른 너의 합리적 선택(prohairesis)을 유지하기 원한다면, 그가 무엇을 행하는지를 따지지 말고, 네가 무엇을 해야 할지를 생각해라."

우리는 다른 사람들이 행하는 것에 주의하지 말고 '우리 자신이 해야 할 것'에 주의해야 한다. 그것이 바로 자연을 따르는 선택이라 할 수 있다. 따라서 우리는 어떤 사람도 내가 원하지 않으면 나를 해롭게 하지 않을 것이며 내가 해를 입었다고 생각할 때에만 해를 입게 될 것이다. 그러므로 우리가 이러한 방식으로 사회관계를 바라보는 습관을 들인다면 다른 사람들에게서 기대되는 적합한 행동을 찾아낼 것이다. 그렇지만 이러한 방법으로 '적절한 행동'을 찾기 어려운 사람들을 위해 에픽테토스는 '삶의 역할 모델'을 따르라고 한다. 그가 제시하는 인물은 바로 소크라테스(Socrates)와 제논(Zenon)이다.[21]

> "만약 누군가를 만나려고 할 때, 특히 평판이 높은 사람들 중의 한 명을 만나려고 할 때, 소크라테스나 제논이라면 어떻게 했을지를 너 자신에게 물어보아라. 그러면 당황하지 않고 적절하게 대처할 수 있을 것이다."

모든 상황에 가장 적절한 행동을 하기 위해 세부적인 행동 원리들을 일일이 제시할 수는 없지만, 소크라테스나 제논과 같은 철학자들이 일상적인 삶 속에서 어떻게 행동했는지를 생각한다면 훌륭한 행동 원리를 얻을 수 있을 것이다. 그렇지만 최소한 에픽테토스는 기본적인 원리들을 다음과 같이 요약하여 제공하고 있다.[22]

"우리는 이러한 원리들을 사용할 준비가 되어 있어야 한다. 그것들 없이는 어떤 것도 해서는 안 되며, 우리의 영혼이 이 목표에 주목하도록 해야 한다. 외적인 어떤 것을 추구하지 말며, 마치 강력한 존재가 정한 것처럼 우리 자신의 것이 아닌 어떤 것을 추구해서는 안 된다. 우리가 선택할 수 있는 것들에 속한 것을 추구하며, 그것이 우리에게 주어진 한에서만 다른 것들을 추구하라. 더욱이 우리는 우리가 누구인지를 기억해야 하며, 우리가 어떤 이름으로 불리는지를 기억해야 하고, 각 상황이 요구하는 적합한 행동을 하도록 노력해야 한다."

에픽테토스가 말하는 적합한 행동(kathekonta)은 스토아학파들이 매우 공들여서 분석했던 개념으로 말 그대로 적절한 것을 하는 것을 말하며, 때로는 의무라고 말하기도 한다.[23] 그것은 합리적으로 추론할 수 있는 정당성을 갖는 것이다.[24] 그것은 단지 일반적인 사회적 관습에 따른 행동을 말하는 것 아니라 '자연에 일치하는 삶' 을 사는 것과 관련되어 있다.

신과의 관계와 운명에의 복종

마지막으로 에픽테토스는 '신과의 관계', 즉 종교에서의 적절한 행동을 살펴볼 필요가 있다고 생각했다. 에픽테토스는 무엇보다도 신에 대해 올바른 견해를 가져야 한다고 주장한다. 신은 존재한다. 그리고 이 세계를 훌륭하고 정의롭게 다스린다.[25]

"신에 대한 헌신과 관련하여 가장 중요한 것은 신들이 존재하며 우주를 훌륭하고(kalos) 정의롭게(dikaios) 지배한다는 올바른 믿음(hypolepseis)을 가지는 것이다. 또한 신들에게 복종하고 일어난 모든 것들을 받아들이고 가장 좋은 지성에 의해 이루어진 것들로서 따르는 것이다."

그러므로 인간들은 신들에게 복종할 필요가 있다. 우리에게 일어난 모든 것을 받아들이고 최선의 것을 따를 필요가 있다. 마르쿠스도 신이 존재하지 않거나 신들이 인간사에 관심이 없다고 주장하는 사람들을 비난한다. 신은 존재하며 인간사에 관심이 있다. 신이 존재하지 않는 세계는 아무 의미가 없다.[26]

"신들이 존재하지 않거나, 또는 신들이 인간사에 관심이 없다면, 신들이 없는, 또는 섭리가 없는 우주에 산다는 것이 내게 무슨 의미가 있겠는가? 그러나 신들은 존재하고, 신들은 인간사에 관심이 있다."

에픽테토스에게 신은 때로는 '신들'이나 '제우스'로 불리기도 하고, 때로는 '지성', '운명', '세계'와 동일시되기도 한다. 우리는 항상 이 세계를 떠날 준비를 하고 있어야 한다. 마치 우리가 배를 타고 항해하다가 잠시 어딘가 정박했을 때, 물이나 조개 또는 해초를 구하러 해안에 갈 수도 있지만, 배에 늘 주목해야 하고 선장이 부르지 않는지 뒤돌아봐야 한다. 만약 선장이 부른다면 자신이 가진 것을 모두 포기하고 돌아가야 배에서 버려지지 않는다. 그러므로 우리는 이 세상에서 자신이 가진 것을 무심하게 바라보아야 할 필요가 있다. 마치 나그네가 여관에 머무르는 것처럼 남의 것인 양 관리해야 한다는 것이다.[27] 우리가 떠나야 할 때면 언제든지 모든 것을 남겨두고 가야 하기 때문이다. 마르쿠스도 우리에게 늘 죽음에 대해 생각해야 하며 준비를 해야 한다고 한다. 그는 "당장이라도 세상을 떠날 수 있는 사람처럼 모든 것을 행하고, 말하고, 생각하라. 신들이 존재한다면, 사람들 곁을 떠난다는 것은 두려워할 일이 아니다. 신들이 너를 불행에 빠뜨리지는 않을 것이기 때문"이라고 말한다.[28]

나아가 이 세계에서 일어나는 모든 것들이 최선의 방식으로 일어나는 것이라 받아들이고 따라야 한다고 주장한다. 우리가 이러한 상태에 도달하기 위해서는 우리에게 달려 있지 않은 것들로부터 좋음과 나쁨을 제거해야 할 필요가 있다고 한다. 우리에게 달려 있지 않는 것은 그 자체로 좋은 것도 나쁜 것도 아니다. 만약 우리가 바라는 것이 이루어지지 않고, 우리가 바라지 않는 것이 일어났을 때 우리는 그 탓이 되는 사람들이나 신들을 비난하고 증오할 필요가 없다. 그것은 우리에게 달려 있는 것이 아니기 때문이다. 아무리 힘들고 어려운 일이라고 해도 우리는 이 모든 것을 본성적으로 견디어 낼 수 있다.[29]

> "네게 일어나는 모든 일들은 네가 본성상 참을 수 있든지 아니면 본성상 참을 수 없다. 따라서 본성상 참을 수 있는 일이 일어난다면, 불평하지 말고 네 본성에 따라 참도록 하라. 그러나 본성상 참을 수 없는 일이 일어난다면, 그래도 역시 불평하지 마라. 그 일은 너를 없앤 후에야 자신도 없어질 것이기 때문이다. 그러나 그렇게 하는 것이 너에게 유익하고 네 의무라고 생각함으로써 그것을 참을 수 있고 견딜 수 있게 만드는 것이 네 의무라고 생각하여라. 그리하여 그것을 참을 수 있고 견딜 수 있게 만드는 것은 네 판단에 달려 있는 한, 너는 본성상 무엇이든 다 참을 수 있다는 점을 명심하라."

근본적으로 우리는 이 세계에 일어나는 모든 일을 참을 수 있거나, 또는 참을 수 없을 수도 있다. 만약 참을 수 있다면 참고 불평하지 말

라. 만약 참을 수 없다면 참지 않더라도 불평하지 말라. 우리가 불평한다고 없어지는 것이 아니며 불평하고 있는 우리가 없어지면 그것도 없어지는 것이다. 그렇다면 어떻게 우리는 이것을 견뎌 낼 수 있을까?

마르쿠스는 그것이 우리가 해야 할 적절한 행동, 즉 의무라고 생각하면서 참고 견딜 수 있다고 한다. 더욱이 우리는 본성적으로 모든 것을 참아 낼 수 있다고 한다. 마르쿠스는 우리가 참을 수 있기 때문에 참아 보라고 한다. 분명히 참지 않는 것보다 참는 것이 후회할 일이 적은 경우가 많다. 물론 마르쿠스는 올바르지 않는 일에 대해 참아 보라는 것이 아니다. 만약 그렇다면 그것은 우리의 의지에 달려 있는 것이기 때문이다. 분명히 마르쿠스는 우리에게 우리의 의지에 달려 있지 않는 불행이나 불운에 대해 말한다는 것을 전제하고 있다.

3

행동의 치유 원리

스토아학파의 영혼의 훈련은 가장 좋은 삶을 영위하기 위한 방법으로 영혼의 치유와 밀접하게 연관된다. 스토아학파의 영혼 훈련의 방법들 중에서 가장 대표적인 네 가지를 선별하였다. 그것들은 최악의 사태에 대한 예비 훈련, 의식의 감찰 훈련, 현재에 집중하는 훈련, 죽음에의 훈련 등이다. 근본적으로 스토아학파의 윤리적 대상의 기준과 관련하여 우리에게 일어난 일들은 우리에게 달려 있는 일이거나 또는 달려 있지 않는 일들이다.

먼저 '최악의 사태에 대한 예비 훈련' 은 우리에게 달려 있지 않는 일들과 관련하여 우리가 평정심을 유지할 수 있도록 하는 훈련이며, '의식의 감찰 훈련' 은 우리에게 달려 있는 일들과 관련하여 사전에 미리 점검하고 사후에 감찰하는 훈련이라 할 수 있다. '현재에 집중하는 훈련' 도 우리에게 달려 있는 것이 '현재' 뿐이기 때문이며 현재에 몰입하여 최선을 다하기 위한 훈련이다. 또한 '죽음에의 훈련' 도 죽음이 매일 지금 우리 눈앞에 있는 것처럼 행동하여 우리의 삶을 매 순간 완전하고 자족적으로 생각하는 훈련이다. 스토아학파는 이러한 훈련을 통해 궁극적으로 행복에 도달할 수 있다고 생각하였다.

3.1 최악의 사태에 대한 예비 훈련

스토아학파는 인간의 영혼을 훈련하기 위한 방법으로 기억과 명상을 통한 사유 훈련을 중시했다. 여기서 가장 널리 알려져 있는 훈련 방법들 중 하나가 '최악의 사태에 대한 예비 훈련'(praemeditatio malorum)이다. 이것은 우리가 주의를 기울이지 않아 예측하지 못했기 때문에 불행하다고 생각되는 사태가 벌어졌을 때 영혼이 겪을 수밖에 없는 엄청난 동요에서 벗어날 수 있도록 미리 준비시키는 훈련이다. 스토아학파의 가장 기본적인 행동의 원리는 우리에게 달려 있는 것들과 달려 있지 않는 것들을 구별하는 것이다. 일차적으로 우리는 우리에게 달려 있는 것들을 검토해 보았다. 그렇지만 '우리에게 달려 있지 않는 것들'에 대해 우리는 어떠한 태도를 가져야 할 것인가?

인간은 자신에게 일어나는 사건들이나 사태에 대해 모든 것을 예측할 수 있고 추론할 수 있는 것은 아니다. 인간이 이성을 통해 예측하고 추론할 수 있는 것들은 근본적으로 한계가 있다. 그래서 스토아학파는 우리에게 일어날 모든 사건들이 우주의 보편적 이성에 따라 일어났다고 마음으로부터 동의를 하고 그것에 일치하는 삶을 살아야 한다고 말한다. 마르쿠스는 자신에게 일어난 것과 자신에게 운명에 의해 짜여진 것(sygklothomena)을 사랑하고 반겨야 한다고 말한다.[1] 실제로 우리가 자연에 따라, 이성에 따라, 운명에 따라 사는 것은 영혼 훈련의 궁극적인 목표이다. 그렇지만 현실에 살아가면서 우리는 이미 일어난 사태에 나중에 동의할 수 있도록 훈련하는 데만 머무르지 않고 미리 일어날 사태에 대비하여 훈련할 필요가 있다.

스토아학파의 '최악의 사태에 대한 예비 훈련'은 사람들이 갑작스럽게 닥친 고난과 역경에 미리 대비하는 훈련이다. 말하자면 우리가 아직 우리에게 일어나지 않았지만 일어날 수 있는 사태들 중 최악의 사태가 바로 현재에 일어난 것으로 생각하고 어떻게 행동할 것인가를 성찰하는 훈련이다. 그리하여 우리에게 달려 있지 않는 것들 중 가장 두려워하는 일이 일어날지라도 아주 익숙한 것처럼 대응할 수 있게 해준다.

최악의 사태에 대한 예비 훈련은 이러한 고난이 우리에게 달려 있지 않는 일이라는 것을 상기할 수 있도록 해 주고, 실제로 그런 일이 일어났을 때도 자연적인 일이라고 생각할 수 있도록 도와준다. 그래서 우리는 어떠한 최악의 사태가 일어난다고 해도 평정심을 유지할 수 있는 상태에 있을 수 있게 된다. 에피쿠로스학파는 아직 일어나지도 않은 일들을 미리 생각하여 고통을 받는 것이라고 비판하지만, 예상치 못한 고통에 적절하게 대처하고 행동할 수 있도록 훈련시켜 주는 측면이 분명히 있다. 우리가 운명이 마련해 놓은 예측 가능한 사태에 대비하여 영혼의 훈련을 해 두는 것은 실제로 그러한 사태가 일어날 때 아주 친숙하고 익숙한 방식으로 처리할 수 있기 때문이다.

3.2 의식의 감찰 훈련

다음으로 우리가 주목할 만한 영혼의 훈련 방법은 스토아학파뿐만 아니라 초기 그리스도교에서도 많이 활용되었던 '의식의 감찰 훈련'이다. 이것은 단지 우리의 의식을 감찰하는 것에만 있지 않고, 우리의 행동을 변화시키는 실천적 원리와 연관되어 있다. 소크라테스가 강조하는 자기 자신의 인식과 자기 자신의 돌봄도 의식의 점검과 감찰 훈련의 기원이라 할 수 있다. 에픽테토스는 일상의 삶 속에서 우리가 어떻게 잘못을 저지르고 얼마나 잘못을 저지르는지를 확인해 볼 필요가 있다고 말한다.[2] 더욱 효율적인 방법은 단지 생각만 하지 않고 글로 써서 정확하게 기록해 두는 것이다. 가령 우리가 매일매일 화를 내고 있는지, 아니면 사흘 건너 한 번씩 화를 내는지 정확히 기록한다면, 훨씬 더 자기 자신을 성찰하기가 좋다.

의식의 감찰 훈련은 구체적으로 우리의 행동의 원칙을 아침마다 떠올리는 훈련을 할 필요가 있다. 스토아학파는 아침에 일어나 처음 해야 할 일은 그 날 동안 우리가 무엇을 해야 할지를 미리 점검하며 우리의 행동을 지도할 원리들을 결정하고, 저녁에는 우리가 했던 잘못들을 알아내기 위해서 다시 한번 자기 자신을 점검할 필요가 있다고 생각했다.[3] 에픽테토스는 아침에 일어나자마자 다음과 같이 자신에게 물어보라고 한다. "나는 무정념(apatheia) 상태에 있고 평정심(ataraxia)을 유지하기 위해 무엇을 원하는가?", "나는 누구인가? 육체인가, 재산인가, 평판인가?" 이런 것들 중 하나는 아니다. "그렇다면 나는 누구인가?" 나는 이성적 동물이다. "그렇다면 나에게 요구되는 것은 무엇인가?" 너의 행동을 반성해 보아라. "내가 행복으로 이끄는 것들 중에서 빠뜨린 것은 무엇인가?" 등이다.[4]

마르쿠스는 매일 하루를 시작하기 전에 오늘 일어날 일을 생각하며 삶의 원칙들을 점검할 필요가 있다고 한다. 그리하여 우리가 만나게 될 다양한 종류의 부덕한 사람들을 만나게 될 경우에 그들이 비록 선과 악을 알지 못해서 그렇게 되었지만, 우리는 선과 악의 본성을 충분히 알고 있으므로 그들이 우리에게 어떠한 해도 입힐 수가 없다는 것을 상기하라고 한다.[5] 세네카는 매일 낮의 일이 끝나고 밤에 물러나게 되면 자신의 영혼을 다음과 같은 방식으로 점검해 보았다고 한다.[6]

> "우리는 매일 영혼을 점검하기 위해 불러 들여야 합니다. 이것은 섹스티우스의 훈련이었습니다. 그는 하루를 보내고 밤에 휴식을 취하러 물러났을 때 자기 영혼에게 다음과 같이 질문을 했습니다. "오늘 어떤 악습을 고쳤는가? 어떤 악덕과 싸웠는가? 어떤 점에서 더 나은 사람이 되었는가?" 만일 매일 재판관 앞에 나가는 것처럼 한다면, 분노가 멈추고 훨씬 평온해질 것입니다. 하루에 일어났던 것들을 모두 감찰하는 방식보다 무엇이 더 훌륭하겠습니까? 자기 자신을 감찰한 후에 오는 잠은 얼마나 고요하고 편안하겠습니까? 영혼이 칭찬을 받았거나 비난을 받았을 때, 자기 자신의 감시자이자 은밀한 검열관이 자신의 성격에 대해 보고한다면, 얼마나 평온하며 심오하고 자유롭겠습니까? 나는 이 힘을 사용하여 매일 나 자신 앞에서 스스로를 변호합니다. 내 시야에서 불빛이 치워지고 내 습관을 알고 있는 아내가 침묵할 때, 나는 내 자신 앞에서 나의 하루 전체를 살피며 내가 말했던 것과 행동했던 것을 모두 되풀이해 봅니다. 나는 내 자신에게 아무것도 감추지 않으며, 어떤 것도 빠뜨리지 않습니다. 내가 내 잘못에 대해 내 앞에서 두려워하겠습니까? 그때 나는 말합니다. "그런 짓을 더 이상 하지 않도록 조심하라! 이제 너를 용서한다.""

우리는 매일 우리가 했던 말이나 행동에 대해 마치 검열관이 된 것처럼 하나도 놓치지 않고 세밀히 검토해 볼 필요가 있다. 세네카는 의식의 감찰을 법정 소송에 비유하여 정식화한다. "우선 너 자신이 피고인의 입장이 되고, 그 다음에 재판관의 입장이 되고, 마지막에 변호인의 입장에 서라"고 말한다.[7] 그렇다면 자신의 의식을 더욱더 잘 검토할 수 있을 것이다. 매일 우리는 스스로 피고인이 되고, 재판관이 되고, 변호인이 되어 자신의 행동을 검토해 볼 필요가 있다. 그리하여 하루를 지내고 저녁이 되어 우리 자신이 스스로 피고인이 되고 재판관이 되며 변호인이 되어 무엇을 잘못했는지, 무엇을 교정했는지 등을 감찰하여 행동을 변화시킬 필요가 있다. 스토아학파의 의식의 감찰 훈련은 기억을 통해 영혼에 기록하거나, 또는 실제로 문자를 통해 글로 기록하는 방식으로 이루어진다. 그것은 하루 동안 있었던 것들을 가능한 모두 기억해 내는 방식을 통해 그 자체로 윤리적 성찰의 계기를 마련한다. 스토아학파에게 의식의 감찰 훈련은 일상적인 것들을 판정을 하기 위해서라기보다는 궁극적으로 자기 자신을 윤리적 주체로서 확립하기 위한 수단으로 생각했던 것으로 보인다.

3.3 현재에 집중하는 훈련

스토아학파의 영혼 훈련의 특징은 무엇보다도 '현재에 집중하는 훈련'에 있다. 아리스토텔레스는 시간이 연속적이며 전후 관계로 이루어져 있다고 생각했다.[8] 시간은 과거, 현재, 미래 세 부분으로 구분된다. 하지만 실제로 시간은 무수한 현재로 이루어져 있다. 이미 지나간 현재는 '과거'라 불리며, 아직 오지 않은 현재는 '미래'라 불릴 뿐이다. 스토아학파의 관점에서 가장 중요한 시간은 바로 현재이다. 우리에게 달려 있는 시간은 '현재'뿐이다. 이미 지나간 과거와 아직 오지 않은 미래는 우리에게 달려 있지 않다. 그렇기 때문에 과거에 사로잡혀 현재를 망각하거나 미래를 위해 현재를 포기하는 일은 어리석은 일이다. 세네카는 현재를 잊고 살아가는 사람들에게 다음과 같이 충고한다.[9]

"사람들은 인생을 준비하기 위해 인생을 보내고 있지요. 그들은 먼 미래를 내다보며 인생의 목표를 세웁니다. 하지만 이렇게 나중으로 미루는 것이 인생에서 가장 큰 손실입니다. 그것은 하루하루를 앗아가고 후일을 기약하며 현재를 희생합니다. 인생의 가장 큰 장애물은 기대하는 겁니다. 그것은 내일에 매달리다가 오늘을 잃어버리게 합니다. 그대는 운명의 여신에게 달린 것을 대비하다가 그대 손에 있는 것을 놓쳐 버립니다. 그대는 무엇을 원하며, 어디로 향하고 있지요? 미래는 모두 불확실합니다. 현재에 충실하십시오!"

그렇지만 스토아학파가 과거나 미래에 대한 생각 자체를 부정한 것은 아니다. 단지 그것들에 대한 과도한 후회나 지나친 희망 등 헛된 감정들이나 정념들을 부정하는 것일 뿐이다.[10] 현재에 적절한 행동을 선택하기 위해 과거와 미래에 대해 고려해야 할 필요가 있다. 그래서 스토아학파는 현재라는 시점을 중시하며 현재에 주의하고 집중하는 훈련을 강조한다. 그것은 스토아학파의 영혼의 태도로서 결코 잠들지 않고 지속적으로 경계를 하며 일정하게 긴장을 하는 것이다. 우리는 자신이 현재 생각하고 있는 것, 현재 하고 있는 것, 현재 나에게 일어난 일에 주의를 집중(prosoche)할 필요가 있다. 우리가 변화시킬 수 있는 것은 바로 현재에 일어난 것들뿐이기 때문이다. 그러므로 우리 자신에게 달려 있지 않은 일들은 운명으로 수용하게 된다.[11]

우리는 매 순간 자신이 생각하고 있는 것, 행동하고 있는 것, 자신에게 일어나고 있는 것을 완벽하게 의식해야 한다. 현재에만 주의하고 집중하는 사람은 다른 어떤 것을 원하지 않는다. 모든 의식을 현재에 기울이는 사람은 자신이 모든 것을 가지고 있다는 기분을 느낀다. 그는 아무것도 바라지 않게 된다. 그러므로 그는 자족적이며 완전하다고 생각한다. 아리스토텔레스에 따르면 자족성과 완전성은 가장 좋은 삶, 즉 행복의 기준이라 할 수 있다. 그러므로 '현재'라는 순간에 우리는 '영원'한 행복을 누릴 수 있는 것이다. 어리석은 사람들만이 미래에 좋은 일이 있을 것이라 생각하면서 현재를 힘들게 살아간다. 그러한 삶은 고되고 근심스럽다. 전적으로 미래에만 열중하는 삶이기 때문이다. 우리는 매 순간 가치를 부여하며 살아야 하고, 지금 이 순간이 인생의 마지막 순간이라 생각하며 살아야 한다.

에피쿠로스학파도 현재에 대해 집중하도록 권고한다. 현재가 가장 단순하고 필연적인 욕망을 채울 수 있게 해 줄 수 있으며, 헛되이 미래에 욕망을 투사하지 않게 하기 때문이다. 현재라는 순간의 쾌락은 지속되지는 않을지라도 그 자체로 완전하다. 현재에 도달할 수 있는 욕망에만 제한하는 것이 평정심을 유지할 수 있는 참된 쾌락이라는 입장은 스토아학파에게나 에피쿠로스학파에게나 동일하게 적용된다. 그래서 에피쿠로스학파는 현재의 즐거움을 미래로 미루지 말라고 한다.[12]

"우리는 한 번 태어나며, 두 번 태어날 수 없다. 또한 우리는 영원히 존재할 수 없다. 내일의 주인이 아닌 당신은 당신의 행복을 미루는구나. 우리 각자는 미루다가 인생을 낭비하며 여가를 누리지도 못하고 죽는다."

인간은 단 한 번 태어나며 언젠가 죽는다. 그는 신처럼 영원히 존재할 수 없다. 에피쿠로스학파가 현재의 즐거움을 미루지 말자는 것은 단지 지금 먹고 놀자는 단순한 처방이 아니다. 먼저 그것은 '현재'에 강조점을 두고 있다. 사람들이 현재가 아닌 미래를 위해 현재 자체에서 누릴 수 있는 즐거움을 놓치고 미래에만 열중하는 것은 어리석은 일이며 최악의 상황을 가져온다. 더욱이 돈이나 권력이나 명예를 추구하는 것은 아무런 즐거움을 이끌어 내지 못하고 오히려 삶을 힘들게 하고 근심과 걱정으로 가득하게 만든다.

호라티우스는 현재에 대한 에피쿠로스학파와 스토아학파의 견해와 연관하여 '카르페 디엠' (carpe diem)에 대해 노래한다. 그것은 '현재를 붙잡다' (seize the day)라는 의미이다. 우리에게는 '카르페' (carpe)가 가진 여러 의미들 중 '즐겨라"라는 의미로 번역이 되고 있기는 하지만, 보다 정확한 의미는 스토아적 개념에 가깝다. 호라티우스는 "우리가 말하는 동안에도 질투심 많은 시간은 도망간다. 그러니 오늘을 붙잡아라. 내일을 믿지 말라"고 말한다.[13] 인간은 시간을 기다리지만 시간은 인간을 기다리지 않는다. 이미 지나가 버린 시간은 되돌아오지 않는다. 더욱이 아직 오지 않은 시간은 잡을 수가 없다. 우리는 단지 현재라는 시간만을 붙잡을 수 있다. 대부분의 사람들이 아직 일어나지 않은 미래를 근심하느라 현재라는 순간을 놓치고 만다. 불확실한 미래를 준비하다가 확실한 현재를 놓치는 것이야말로 어리석다. 우리는 현재라는 순간을 향유해야 한다. 만약 우리가 현재라는 이 순간이 늘 마지막이라고 생각한다면 모든 순간은 놀라운 선물이 된다.

3.4 죽음에의 연습

나아가 현재에 집중하는 훈련은 매 순간을 인생의 마지막 순간인 것처럼 여기기 때문에 '죽음에의 훈련'과 밀접한 연관이 있다. 그리스 문화에서 죽음은 영혼과 신체의 분리이다. 플라톤은 철학을 '죽음에의 훈련' 또는 '죽음에의 연습' (melete thanatou)이라고 한다. 철학은 가능한 한, 신체로부터 영혼을 분리시키려 하는 것이다. 물론 실제로 영혼과 신체가 분리된다면 인간은 죽음에 이를 것이다. 여기서 죽음에의

훈련은 물리적인 것이 아니라 정신적인 것을 말한다. 플라톤은 구체적으로 다음과 같이 말한다.[14]

> "영혼을 가능한 한 신체로부터 분리하고, 신체의 모든 부분으로부터 영혼이 그자체로만 모여지고 결집되게 하여, 현재이든 그 이후이든 마치 사슬에서 풀려나듯이 신체에서 영혼이 풀려나게 해서, 영혼이 가능한 그 자체로 홀로 살아가도록 습관을 들이는 것이네."

죽음에의 훈련은 일종의 영혼의 훈련 방법이었다. 그것은 영혼을 정화시켜 진리를 인식하려는 목적을 가진다. 플라톤은 죽음에의 훈련을 철학함으로 확장시켜 생각하였다. "심미아스여, 제대로 지혜를 사랑하는 사람은 죽는 것을 훈련하고 있는 것이며, 죽음이 모든 것들 중에 그들에게 가장 덜 무서운 것이네."[15] 사실 죽는 것은 좋은 것도 나쁜 것도 아니다. 그것은 누구에게나 주어지는 것이어서 오히려 다른 것들보다도 무서워할 필요가 없다. 마르쿠스도 죽음이란 좋은 것도 나쁜 것도 아니라고 한다.[16]

> "죽음(thanatos)과 삶(zoe), 좋은 평판(doxa)과 나쁜 평판(adoxa), 고통(ponos)과 쾌락(hedone), 부(ploutos)와 가난(penia), 이 모든 것은 좋은 사람들에게도 일어나고 나쁜 사람들에게도 일어난다. 그것들은 아름답지도 추하지도 않다. 따라서 이런 것들은 좋은 것들도 아니고 나쁜 것들도 아니다."

죽는 것을 두려워할 필요는 없다. 사람은 죽으면 누구나 똑같이 자연의 일부로 돌아간다. 마케도니아의 알렉산드로스 왕이나 그의 마부나 죽으면 모두 똑같이 원자로 분해되어 버린다. 인간의 죽음도 우주의 자연 변화와 과정의 일부이다. 결국 죽음에의 연습은 신체적 감각과 연관되어 있는 정념들을 고요하게 하여 영혼이 진리를 관조를 할 수 있게 해 준다. 스토아학파에게는 현재에 주의하여 집중하는 것이 '죽음에의 연습'이다.

스토아학파는 죽음을 항상 삶의 근본적 규칙으로 삼아 항상 손앞에(procheiron) 있는 것처럼 상기시키려고 노력했다. 에픽테토스는 죽음에 대한 생각을 늘 유지해야 한다고 주장한다.[17]

> "죽음, 추방, 그 밖의 무시무시하게 보이는 다른 모든 것들을 날마다 네 눈앞에 놔두어야만 한다. 특히 모든 것들 중에서 죽음을 말이다. 그러면 너는 결코 그 어떤 비참한 생각도 가지지 않을 것이고, 또한 어떤 것을 지나치게 욕망하지도 않게 될 것이다."

인간은 누구나 죽음을 피할 수 없다는 것을 알고 있다. 그렇지만 언젠가 죽을 것이라고 생각하며 막연히 죽음을 미래로 지연시킨다. 우리도 언젠가 죽을 것이라는 것을 알고 있지만 지금은 죽지 않을 것이라고 생각하고 말하며 행동한다면 죽지 않을 것처럼 사는 사람과 마찬가지이다. 우리가 언제든지 죽을 수 있는 것처럼 생각하고 말하고 행동하는 것은 중요하다. 그래서 우리가 하는 행동 하나 하나가 인생의 마지막 행동인 것처럼 행해야 한다. 죽음이 항상 자신의 눈앞에 있는 것처럼 살아가고 하루하루를 최후의 날인 것처럼 보내야 한다.[18]

우리는 죽음에의 훈련을 통해 죽음에 대한 두려움을 극복하고 현재에 주의를 집중하여 자족적인 삶을 영위할 수 있다. 스토아학파가 제시하는 영혼의 훈련들은 궁극적으로 완전하고 자족적인 행복한 삶으로 이끌어 현실의 일상적인 삶 속에서 상처받고 고통 받은 사람들에게 치유의 방법을 제시할 수 있다. 고대 그리스로부터 근대에 이르기까지 죽음에의 훈련은 서구 사상과 문화 전반에 영향을 미쳤다. 이것은 중세에 이르기까지 광범위하게 사용되던 삶의 기술이었다. 라틴어에 '메멘토 모리' (Memento mori)라는 문장이 있다. '죽음을 기억하라' 라는 의미이다. 죽음을 항상 눈앞에 두고 살아간다면 헛된 욕망이나 집착에서 벗어날 수 있다. 그래서 죽음의 기술은 바로 삶의 기술이기도 한 것이다.

나아가 서구 16세기와 17세기 네덜란드 회화에서 상징적으로 사용하던 '바니타스' (vanitas)는 '텅 빔', '헛됨' 을 의미한다.[19] 돈이나 권력 및 아름다움 등 모든 것이 허무하다는 것이다. 『성경』의 「코헬렛」(1.2)에 "헛되고 헛되다, 모든 것이 헛되다" (Vanitas vanitatum omnia vanitas)에서 유래되었다고 한다. 바니타스 유형의 그림들에 등장하는 대표적인 상징은 '해골' 이다. 삶의 일상적인 사물들 속에 해골이 그려져 있는 정물화의 형태로 등장한다. 그러나 이외에도 인생의 덧없음을 반영하는 모래시계나, 영원한 삶을 상징하는 옥수수, 월계수, 담쟁이 덩굴 등과, 유한한 삶을 나타내는 책이나 지갑 등도 종종 등장한다. 바니타스 유형의 회화는 '죽음을 기억하라' 와 매우 밀접한 관계를 가진다. 결국 모든 것은 사라진다는 것이고, 인간도 죽음을 피할 수 없다는 것을 상기시키기 위한 장치라 할 수 있다.

* * *

헬레니즘 시대의 스토아학파가 추구한 가장 좋은 삶을 살기 위한 삶의 기술로서 영혼의 윤리적 훈련에 관련된 주요 철학적 원리들을 찾아

정식화하고 현대적으로 해석하여 영혼의 병을 치유할 수 있는 철학적 방법들을 제시하려 노력했다. 우선 스토아학파가 제시하는 윤리적 대상에 대한 가장 기초적인 판단 기준은 우리에게 달려 있는 것과 우리에게 달려 있지 않는 것을 구별하는 것이었다. 우리에게 달려 있는 것들은 본성적으로 우리를 자유롭게 하지만, 우리에게 달려 있지 않은 것들은 우리를 노예적으로 만든다. 이것은 아리스토텔레스의 철학에서도 개념화되어 있지만 스토아학파는 가장 중요한 원리로서 삼고 있다. 우리는 우리에게 달려 있는 것들에 대해서만 숙고할 수 있고 합리적 선택을 할 수 있다. 에픽테토스는 합리적 선택을 단지 목적을 위한 수단을 선택하는 것이 아니라 우리의 전 인격을 선택하는 것으로 해석한다. 우리는 단지 무엇이 우리에게 달려 있고 무엇이 우리에게 달려 있지 않는지를 아는 것에 그쳐서는 안 된다. 그것을 반복적으로 각인하여 익숙해질 때까지 훈련을 해야 할 필요가 있다.

다음으로 스토아학파가 제시하는 윤리적 훈련을 우리의 욕구와 충동에 중점을 두고 살펴보았다. 우리에게 달려 있는 것들로는 자연학의 대상인 욕구와 윤리학의 대상인 충동 및 논리학의 대상인 판단이 있다. 첫째, 욕구의 훈련은 자연에 따르는(kata physin) 삶을 살도록 하는 데 목표가 있다. 인간은 우주의 한 부분으로 자신의 욕구를 우주의 법칙과 조화를 이루도록 노력하여 개인과 우주 간의 간극을 극복해야 한다. 둘째, 우리가 가진 행동하려는 충동들 중 최초의 충동(horme)도 우리 자신의 자연 또는 본성(physin)에 따르게 될 때 '적절한 행동'(kathekon)이라 불릴 수 있다.

인간이 이 세계와 가지는 관계들을 세 가지로 구분되는데, 그것은 첫째 자기 자신과의 관계이고, 둘째 타자와의 관계이고, 셋째 신과의 관계이다. 인간은 세 가지 관계에서 가장 적합한 행동을 선택하여 행동할 필요가 있다. 스토아학파가 말하는 충동의 훈련은 바로 '자연과 일치하는 삶'과 연관하여 적합한 행동을 선택하는 것이다. 그리하여 적합한 행위는 이성에 의해 선택한 행위인 반면에, 부적합한 행위는 비이성적인 욕망에 의해 지배되어 하게 되는 행위이다. 다른 사람들과의 관계에서는 삶의 역할 모델인 소크라테스나 제논 같은 철학자들이 어떻게 행동했는지를 안다면, 훌륭한 행동 원리를 얻을 수 있다고 한다. 그럼에도 가장 기본적인 원리는 우리 자신의 것이 아닌 것은 추구해서는 안 되며, 우리가 누구인지 기억하며 어떤 이름으로 불리는지 항상 기억하고, 각 상황이 요구하는 적합한 행동을 해야 한다고 설명한다. 나아가 신이 존재할 뿐만 아니라 이 세계를 훌륭하고 정의롭게 다스리고 있다고 생각해야 한다고 주장한다. 그리하여 이 세계에서 일어나는 모든 것들이 최선의 방식으로 일어나는 것이라 받아들이고 따라야 한다고 권고한다.

마지막으로 스토아학파는 가장 좋은 삶을 살기 위해 영혼의 훈련은 필연적이라고 생각한다. 우리는 영혼의 훈련을 통해 치유에 이르는 스토아학파의 네 가지 훈련 방법들을 제시하였다. 첫째는 '최악의 사태에 대한 예비 훈련'이다. 그것은 우리가 주의를 기울이지 않아 예측하지 못했기 때문에 불행으로 생각하는 사태가 벌어졌을 때 영혼이 겪을 수밖에 없는 엄청난 동요에서 벗어날 수 있도록 미리 준비시키는 훈련이다. 둘째는 '의식의 감찰'이다. 일상적인 삶 속에서 우리가 어떻게 잘못을 저지르고 얼마나 잘못을 저지르는지를 확인해 볼 필요가 있다. 단지 생각만 하지 않고 글로 써서 정확하게 기록해 두면 성찰하는 데 도움이 된다. 의식의 감찰은 마치 법정 소송과 같이 스스로 피고인이 되고, 재판관이 되고, 변호인이 되어 자신의 행동을 검토해 보는 것이다.

셋째는 '현재에의 집중'이다. 스토아학파는 현재라는 시점을 중시하며 현재에 주의하고 집중하는 훈련을 강조한다. 현재 나에게 일어난 일에 주의를 집중(prosoche)할 필요가 있다. 우리가 변화시킬 수 있는 것은 바로 현재에서 일어나고 있는 것들뿐이기 때문이다. 넷째는 '죽음에의 훈련'이다. 스토아학파는 죽음을 항상 삶의 근본적 규칙으로 삼아 항상 손앞에(procheiron) 있는 것처럼 상기시키려고 노력했다. 죽음이 항상 자신의 눈앞에 있는 것처럼 살아가고 하루하루를 최후의 날인 것처럼 보내야 한다는 것이다. 이러한 방법을 통해 죽음에 대한 두려움을 극복하고 현재에 주의를 집중하여 자족적인 삶을 영위할 수 있다.

V

헬레니즘과 초기 그리스도교의 금욕주의

1

헬레니즘 철학과 그리스도교의 만남

철학적 삶의 기술과 모델

고대 그리스철학이 현대 사회에서 새롭게 주목받고 있는 이유는 현대인의 정신적 불안과 동요를 전면적으로 성찰하고 문제를 해결하는 데 중요한 단서를 제공한다는 점 때문이다. 오늘날 현대인이 처한 정신적 상황은 첨단 과학기술 시대를 살아가는 인간의 시대적 문제만은 아니다. 그것은 인간이 근본적으로 존재하는 방식에서 비롯된다. 고대 헬레니즘 시대의 철학은 이미 인간의 심연에 기원하는 정신적 문제들을 해결하는 주요 이론과 훈련 및 실천을 가르친다. 그것은 인간이 삶을 살아가는 기술이자 원리이다.

헬레니즘 시대의 '철학' 개념에 가장 큰 영향력을 미친 철학자는 소크라테스라 할 수 있다. 헬레니즘 시대를 대표하는 학파들은 아카데미학파, 리케이온학파, 에피쿠로스학파, 스토아학파, 회의주의학파, 퀴니코스학파 등이 있다. 대다수의 학파들은 소크라테스의 말이나 행동, 및 삶과 죽음의 방식에 의해 엄청난 영향을 받았다. 소크라테스는 헬레니즘 철학 전반에 막대한 영향을 미쳤을 뿐만 아니라, 특히 스토아학파의 주요 이론을 형성하는 데 가장 지대한 영향을 미쳤다. 소크라테스는 자신의 삶을 통해 '철학이 무엇인가'를 보여 준 철학자이다. 특히 스토아학파는 철학의 대상이 바로 '삶'이며 삶을 살아가는 방식과 관련된 기술(techne)에 주요 관심이 있었다. '삶의 기술'이라는 개념은 소크라테스의 삶의 철학에 기원을 두고 있지만 스토아학파가 본격적으로 개념화시켰다.

철학적 담론의 확립

사실 그리스에서 철학이 시작된 이후로 '철학이란 무엇인가'는 지속적인 사유의 대상이 되었다. 특히 그것은 '철학은 무엇이어야 하는가'라는 문제로 재정의되면서 수많은 사람들이 반성적으로 성찰해 왔다. 철학은 끊임없이 자기 정체성을 찾아가려는 노력을 그치지 않을 때 시대를 통해 생명력을 잃지 않을 것이다. 고대 그리스철학은 역사상 어느 시대보다도 철학의 본성에 대해 치열한 사유를 하였다. 특히 소크라테스가 살아가던 시대에는 수많은 지식인들이 다양한 지식을 주장하며 활동하던 시대이다. 철학자 소크라테스를 기존의 다른 소피스트들과 구분하려는 플라톤의 노력은 철학의 정체성을 재정립하였을 뿐만 아니라 철학의 방법론을 확립하는 데 중요한 기여를 하였다.

이후 아리스토텔레스는 플라톤이 제기한 수많은 문제들을 정리하여 이론화하고 체계화하는 작업을 통해 그리스철학의 주요 이론이 성립되었다. 근본적으로 고대 그리스철학으로부터 헬레니즘 철학에 이르기까지 철학은 이론과 실천의 균형을 잃지 않으려고 노력했다. 특히 헬레니즘 시대에 들어서면서 플라톤과 아리스토텔레스 이후에 철학이 추상화되고 관념화되는 경향과 대조적으로 철학의 실천과 훈련에 관한 관심이 강화되면서 각 학파에서 철학의 기능 및 효과와 관련된 다양한 담론들이 쏟아져 나왔다. 고대 그리스철학은 고전기에 소크라테스에서 비롯되어 플라톤과 아리스토텔레스를 거쳐 이론화 및 체계화되는 경향이 강해지다가, 헬레니즘 시대에 이르러 실천적 원리나 훈련이 강화되는 경향을 통해 역사적으로 철학의 이론과 실천이 조화와 균형을 이룬다.

초기 그리스도교와 그리스철학의 수용

고대 그리스철학은 초기 그리스도교에 많은 영향을 주었다는 것은 이미 잘 알려진 사실이다. 당시 그리스 문화와 사상은 이미 로마를 통해 지중해 지역에 광범위하게 영향을 미치고 있었다. 초기 그리스도교는 전교를 위해서는 당시 그리스어를 사용할 수밖에 없었다. 그리스 문화와 사상이 함축된 그리스어로 그리스도교의 주요 원리를 설명하는 가운데 의미와 해석의 변화는 불가피했을 것이다. 나아가 초기 그리스도교는 당대 헬레니즘 시대의 문화와 사상에서도 자유롭지 못했을 것이다. 그렇지만 헬레니즘 철학과 초기 그리스도교의 연관성은 현재까지 별로 주목받지 못했다. 사실 고대 그리스철학이 중세 신학과 철학 전반에 미친 영향에 대해서는 이미 상당히 연구가 진전된 편이다.

그러나 아직까지는 헬레니즘 철학에 대한 주요 논의조차도 국내에서는 극히 부분적으로만 이루어지고 있을 뿐이어서 초기 그리스도교에 미친 영향에 대한 연구는 미진하다. 나는 헬레니즘 철학의 핵심적인 논의들이 초기 그리스도교의 사막 교부들과 수도원 운동에 미친 영향이 실제로 매우 크다고 생각한다. 특히 철학의 실천과 관련된 헬레니즘학파의 기본적인 논의와 초기 그리스도교 수도 생활의 주요 원리는 매우 유사성이 있다고 평가한다. 이 장에서는 특히 그리스 고전기로부터 헬레니즘 철학의 영혼 훈련 개념이 초기 그리스도교에 어떻게 수용되었는지를 알아보기 위해 영혼과 훈련의 개념이 어떻게 변천되었는지를 살펴보려고 한다. 그리하여 그리스철학과 그리스도교에서 영혼 개념과 훈련 개념이 어떤 측면에서 비슷하고 어떤 측면에서 다른지를 검토할 것이다.

2

그리스철학과 그리스도교의 영혼 개념과 변천

그리스 서사시의 프쉬케 개념

현재 영혼이란 개념은 시대와 공간에 따라 달리 표현되면서 서로 전혀 다른 의미로 사용되기도 했다. 또한 동일한 시대에서도 상호 간의 관점에 따라 조금씩 달라지기도 하고, 동일한 공간 안에서 의식의 발전에 따라 개념의 발전이 이루어지는 경우도 있다. 우리는 먼저 고대 그리스로부터 헬레니즘 시대를 거쳐 중세에 이르기까지 영혼과 관련된 개념들이 어떻게 변천되고, 어떻게 재정의되었는지를 살펴볼 필요가 있다.[1] 이를 통해 헬레니즘 시대의 철학의 주요 훈련 원리와 초기 그리스도교의 영성 훈련의 원리를 비교할 수 있다.

일단 고대 그리스에서 사용하던 영혼은 그리스어로 프쉬케(psyche)이며 '숨쉬다'를 의미하는 프쉬코(psycho)로부터 나왔다. 초기 그리스의 서사시 시대에 호메로스는 영혼을 단순히 우리말로 '목숨'이나 생명의 의미로 사용하였다. 우리가 죽는 순간에 영혼은 신체로부터 떠나 하데스로 가서 머문다고 생각했다. 초기에는 영혼 개념이 감각이나 상상력, 및 이성 등의 다양한 기능들을 포괄하지는 못하였다. 그리하여 생명이나 목숨이라는 의미 외에 현대의 영혼의 각 기능을 가리키는 용어들이 독립적으로 있었다. 즉 튀모스(thymos)나 프레네스(phrenes), 누스(nous) 등과 같은 용어로 인간의 감정과 직관 및 사유를 표현하는 데 각각 사용하였다.

그러나 그리스 서정시와 비극 시대에는 영혼 개념이 점차 '자아'라는 의미를 확보하면서 인간의 감정과 욕망의 원천으로 이야기된다.[2] 기존에 단순히 생명력으로 사용되던 호메로스의 영혼 개념에 튀모스와 누스가 영혼의 기능들로 통합되면서 본격적으로 그리스철학의 영혼 개념을 형성하게 된다.[3]

운동, 지각, 비물질성

그리스 초기에 자연철학자들은 이미 그리스 서사시, 서정시, 비극에서 발전해 온 영혼 개념을 보다 논리적이고 객관적으로 체계화시켰다고 할 수 있다. 그들은 영혼 혹은 생명의 일차적인 특징을 '운동'과 '변화'로 보았다. 탈레스를 비롯한 밀레토스학파들은 이러한 원리로부터 모든 것의 궁극적인 원리를 찾아냈다. 그러나 헤라클레이토스는 영혼이 가장 덜 물질적이라 논하며 인식의 가능 조건을 말하면서 본격적으로 '인식' 능력에 대해 주목하기 시작했다. 오르페우스교와 피타고라스학파가 설명하는 영혼 개념의 특징들 중에서 우리는 특히 영혼의 불멸과 윤회 사상에 주목하게 된다. 이것은 플라톤의 영혼 개념에도 많은 영향을 준다. 영혼의 윤회에서 벗어나기 위한 정화 방법은 금욕주의이다. 오르페우스교에서는 육식을 금지하고 채식을 권장하고, 피타고라스학파에서는 음악교육과 금욕적 생활을 강조하였다.

오르페우스교와 피타고라스학파의 영혼론의 기본 입장을 계승한 플라톤은 영혼의 정화를 인식론적 측면, 존재론적 측면, 윤리적 측면 등 세 가지 측면에서 바라본다. 첫째, 인식론적 측면에서는 인식 주체의 순수화를 통해 진리의 인식을 목적으로 한다. 둘째, 존재론적 측면에서는 이 세계를 끊임없이 방랑하던 영혼이 윤회에서 벗어나 신들의 세계로 돌아가게 한다. 셋째, 윤리적 측면에서 그것은 사후 심판을 통한 보상과 처벌을 제시하여 자신의 행위를 성찰하고 판단할 수 있는 윤리적 주체가 되게 해 준다.[4] 아리스토텔레스는 초기 자연철학자들로부터 플라톤에 이르기까지 그리스 철학자들의 영혼 개념을 운동(kinesis), 지각(aisthesis), 비-물질성(asomaton) 등의 기준으로 분석하였다.[5] 그는 이전 철학자들의 영혼 개념을 자신의 기준으로 분석하였다.

아리스토텔레스는 영혼의 불멸성에 대해 불분명하게 입장을 표명한 측면이 없지 않지만, 영혼에 대한 기존 철학자들의 입장을 비판적으로 정리하고 체계적으로 인간의 인식능력을 분석하고 독자적인 형식을 부여했다는 점에서 높이 평가할 수 있다. 아리스토텔레스의 영혼에 관한 논의는 중세 그리스도교에도 많은 영향을 미치게 된다. 이후 헬레니즘 시대의 철학에서는 영혼의 개념에 대해 획기적인 변화는 없었다. 단지 헬레니즘 이전 시대의 철학에서 영혼에 대한 논의들이 상당 부분 인식론적 논의에 치우쳐 있었다면, 헬레니즘 철학은 주로 실천적인 논의에 관심이 많았기 때문에 주요 논의들이 영혼의 훈련과 치유에 초점을 맞추고 있다.

그리스도교의 영과 혼 개념의 분리

현대 그리스도교의 영성(spirituality)에 대한 정의는 매우 다양하다. 하지만 그것은 주로 하느님의 영과 관련되어 있다. 그리스도교 안에서의 영성 연구는 영성 신학이라는 분야로 체계화되면서 수덕(修德) 신학과 신비(神秘)신학이라는 두 영역으로 나누어져서 연구되어 왔다.[6] 그러나 '영'(spirit)이란 말은 그리스도교의 전통에서만 사용된 용어는 아니고 이전부터 포괄적으로 사용되던 용어이다.[7] 실제로 고대 그리스 철학에서는 영혼의 개념과 유사하게 사용된 용례도 있다.[8]

고대 그리스철학과 초기 그리스도교에서는 동일한 용어를 다른 의미로 사용하는 것으로 보인다. 이것은 초기 그리스도교에서 그리스어를 사용할 때 기존에 그리스철학에서 사용하던 방식으로 용어를 사용하지 않고 다른 방식으로 재정의해서 사용했기 때문이라고 생각한다. 왜 이렇게 사용되었는가에 대한 상세한 논의를 찾기 어렵지만 초기 그리스도교가 기존에 지중해 지역에 이미 널리 알려진 그리스철학과 차별성을 두기 위한 노력들이 그 원인이 될 수도 있었을 것이다.

그리스철학과 달리 그리스도교에서는 프쉬케(psyche) 이외에 또 다른 개념 프네우마(pneuma)를 통해서 영혼 개념을 사용하고 있다. 특히 신약에서 프쉬케와 프네우마를 구별하는 것은 신학적으로 매우 중요하다. 일반적으로는 그리스도교에서는 이 두 용어들의 혼란을 막기 위해 프쉬케를 '혼'으로 번역하고 프네우마를 '영'으로 번역한다. 우선 초기 그리스도교에서는 그리스 사상에서 기존에 사용되던 프쉬케(psyche) 개념을 일종의 영혼 개념이긴 하지만 분명히 다른 개념으로 축소하여 정의했고, 프네우마(pneuma)를 프쉬케(psyche)와 대비되는 개념으로 사용했다.

프쉬케와 프네우마의 물질성

바울은 인간에 대하여 다양한 용어를 사용하여 신학적 입장을 전개한다. 인간의 내적 변화와 관련하여 '옛 사람' (palaios anthropos)과 '새 사람' (kainos anthropos)을 구별한다.[9] 여기서 두 표현의 차이는 시간적 변화가 아니라 존재론적 변화를 가리키는 것이다. 또한 하느님의 영과 관련하여 '혼적인 사람' (psychikos anthropos)과 '영적인 사람' (pneumatikos anthropos)으로 구분하고 있다. 그는 진정한 그리스도인을 영적인 사람이라고 한다.[10] 그러나 하느님의 영과 관련 없는 사람을 혼적인 사람이라고 한다.

그런데 바울이 신약성서에 나오는 '영적인' (pneumatikon)이란 말의 상대적 개념으로 '혼적인' (psychikon)을 사용하고 있는 점이 매우 흥미롭다. 한국어 번역본에는 프쉬키콘을 '육적인' 이란 말로 번역하고 있다.[11] 그리스철학의 용어로는 프쉬키콘의 명사형 프쉬케가 그리스어로 '영혼' 을 의미한다. 실제로 그리스 사상에서 프네우마와 프쉬케는 의미상으로 크게 다르지 않은 용어들이라 할 수 있다. 그러나 점차 프네우마와 프쉬케의 사용이 달라지면서, 아리스토텔레스에 오면 오히려 프네우마가 물질적 이미지와 훨씬 가깝게 사용되었고, 프쉬케는 비물질적 이미지와 훨씬 가깝게 사용되었다.

그렇지만 초기 그리스도교에서 육체와 대비되는 개념으로 프네우마(pneuma)를 사용하고 있고, 오히려 육체와 유사한 개념을 프쉬케(psyche)를 사용하고 있다. 프쉬케는 육체와 분리 불가능한 개념으로 이해되면서 물질적 특성이 강하게 드러난다. 그리스도교에서 프쉬케가 아닌 프네우마를 영적인 의미로 사용하고 있는 이유와, 인간 영혼을 어떤 기준으로 영과 혼으로 구분했는지를 살펴볼 필요가 있다.

그리스철학의 프네우마 해석

그리스어로 프네우마(pneuma)는 어원적으로 숨 또는 바람을 의미한다. 사실 어원적으로 프쉬케(psyche)와 유사하다. 호메로스시대에 프쉬케는 죽을 때 신체로부터 빠져나가는 것으로 생각했다.[12] 사실 프쉬케와 프네우마라는 용어는 공기(aer)와 밀접하게 연관되어 있다. 초기 자연철학자들 중에 아낙시메네스(Anaximenes)는 모든 것의 궁극적 원리로서 공기가 희박해지면 불이 되고 압축되면 바람이 되고 구름이 되고 물이 되고 땅이 되고 돌이 된다고 한다.[13] 그러나 우주론적인 관점에서는 다시 공기는 우주의 숨(pneuma)으로 영원히 살아 있고 신적인 원천이라 한다.[14] 나아가 공기가 신이라고 말하며 생성되고 측정할 수 없으며 무한하며 항상 운동하고 있다고 한다.[15] 그는 프네우마(pneuma)의 종류를 이 세계 안에 있는 프네우마와 인간 안에 있는 프네우마로 구분한다. 인간 안에 있는 공기는 영혼을 구성하고 감각과 운동의 기초가 된다. 그는 우리의 영혼(psyche)이 우리를 통합하고 있듯이, 바람 또는 숨(pneuma)과 공기(aer)가 전 우주를 둘러싸고 있다고 한다.

아리스토텔레스는 프네우마를 신체적 열과 관련하여 생명체를 움직이는 어떤 것으로 생각했다. 그래서 그것은 때로는 따뜻한 공기(aer)와 비슷한 것으로 말해지기도 하고 피에 있으며 모든 신체의 부분들에 생명의 열을 옮겨 주는 기체이다.[16] 또한 그것은 아이테르(aither)에 비유해서 말해지기도 한다.[17] 영혼은 일차적으로 프네우마와 연관되어 있다고 생각되었다. 이것은 아리스토텔레스가 최소한 식물의 순환 과정이 프네우마에 달려 있다고 생각했기 때문이다.[18] 프네우마가 신체 전반에 옮기는 생명의 열이 식물적 영혼을 활동하게 해 준다. 그것은 영혼의 기능들과 관련하여 특히 물질적으로 존속할 수 있도록 한다. 이런 측면에서 본다면 오히려 프네우마는 물리적 이미지가 강하게 나타나다.

물론 스토아학파에서 우주적 신적 프네우마는 개별적 실체와 전 우주를 통합하는 것으로 해석된다. 클레안테스(Cleanthes)는 전 우주를 살아 있으며 지적인 생물로 간주하였다. 생명의 열이 전 우주를 통합하고 유지하는 실체라고 말한다.[19] 크뤼시포스는 프네우마를 영혼을 가지지 않은 것들을 포함하여 모든 실체들에 퍼져 있고 통합하는(synekhetai) 우주적 실체로서 말한다.[20] 그래서 스토아학파의 자연학에서 프네우마는 통합의 원리로 복합적 실체의 물질적 존속을 설명해 준다.

그리스도교의 하느님의 영

그런데 초기 그리스도교에서 프네우마는 하느님의 영을 지시하는 중요한 용어로 나타난다. 그것은 히브리어의 루아(ruach)의 그리스 번역어로 사용되었다.[21] 일차적으로 구약에서 바람, 호흡, 숨을 가리키는 말로 사용되었으나, 신약에서 이런 의미로 사용되는 곳은 몇 군데 되지 않는다.[22] 신약에서 프네우마는 전체 379번 사용되었는데, 하느님의 영을 가리키는 경우가 275번이다. 물론 구약에서도 인간은 다른 동물과 달리 영을 가지고 있으며,[23] 육체는 흙으로 돌아가고 영은 하느님께 돌아간다는 말이 있다. 그렇지만 신약에서 주로 프네우마가 하느님의 영과 관련해서 사용된 것은 매우 특징적이라 할 수 있다. 그럼에도 불구하고 바울은 그리스어로 '영적인'(pneumatikos)과 '혼적인'(psychikos)이라는 말을 상대적으로 사용했다. 바울은 왜 이렇게 사용했을까? 이것에 대해 우리는 몇 가지 가능한 설명을 제시할 수 있다.

우선 바울이 그리스철학의 프쉬케(psyche)를 아리스토텔레스의 방식으로 영혼이 신체와 분리 불가능한 하나의 합성체로 이해했기 때문일 수 있다. 프쉬케가 육체와 분리 불가능하기 때문에 육체적인 것으로 보았을 가능성이 있다. 다음으로 바울이 말하는 '영적인 것'이 구약에 나오는 바람 또는 입김을 의미하는 루아(ruach)를 지칭하려는 것이라면, 그리스철학에서 말하는 '영혼'(psyche)과 다른 용어를 선택하고자 했을 것이다. 왜냐하면 루아는 인간을 살아 있게 해 주는 활력으로 하느님으로부터 인간에게 부여된 것이기 때문이다.[24] 루아는 하느님으로부터 나와서 하느님에게로 되돌아가는 '바람'이다.[25] 하느님은 인간을 창조할 때 루아를 주었다.[26] 따라서 바울은 초자연적이며 영원한 생명을 의미하기 위해 그리스철학의 프쉬케보다는 프네우마를 선택할 수밖에 없었을 수 있다. 신약성서에서 프네우마(pneuma)는 "인간의 초월적이고 초의식적인 인격의 중심으로, 본질적으로 하느님과 연관되어 있고 하느님의 작용을 수용할 수 있는 요체"라 생각되었기 때문이다.[27]

프쉬케(psyche) 개념은 그리스 서사시와 비극 시대에는 단순하게 목숨이나 호흡과 같이 생명으로 사용되다가 그리스철학에서 현대적인 의미의 영혼의 다양한 기능들을 수렴하고 통합시킨 개념으로 발전되었다. 그리스철학에서 영혼은 신체와 대조되는 개념으로 확립되었다. 그것은 인간의 비합리적인 부분뿐만 아니라 합리적인 부분을 포함하고 있다. 특히 호메로스부터 사용되었던 지성(nous)은 플라톤에 의해 인간 영혼에 포함되었다. 나아가 플라톤은 영혼 전체의 불멸성을 주장했으나, 아리스토텔레스는 능동 지성의 불멸성에 가능성을 타진했었다. 고대 그리스철학에서는 철학자에 따라 영혼은 신체로부터 분리 가능하다고 보기도 하고 분리 불가능하다고 보기도 했다. 그렇기 때문에 만약 그리스도교에서 신체로부터 분리될 수 있는 영혼을 생각했을 때 그리스철학의 프쉬케 개념도 선택의 대상이 되었을 수도 있다.

더욱이 그리스철학에서 그리스도교와는 신적인 개념에 대해 차이가 있기는 하지만 프쉬케가 '신적'이라는 표현이 수없이 나온다. 그러나 바울은 종교적인 측면에서 영혼(psyche)을 신체(soma)와 대비시키기보다 신체와 오히려 유사하게 생각하였다. 또한 영혼의 초월적인 측면을 또 다른 용어로 사용하는 것도 가능하지만, 그리스철학의 개념 체계 내에서는 영혼(psyche)라는 용어에 포함시킬 수도 있다. 따라서 그리스철학의 전승에서는 독자적인 용어를 다시 확보하지 않고도 '영혼'이라는 용어를 그대로 사용할 수 있다. 그렇지만 철학적 의미와는 다른 맥락에서 다른 차원의 종교적 의미를 새롭게 확보하기 위해 기존 용어를 폐기하고 새로운 용어를 선택하는 것도 나을 수도 있다.[28] 이런 개념적 변천을 통해 프쉬케와는 또 다른 차원의 종교적 함축을 가진 프네우마(pneuma, spiritus)가 그리스도교 안에서 핵심적인 지위를 확보하게 된다.

3

그리스철학의 영혼 훈련과 금욕주의

금욕 개념의 기원

영성수련과 관련하여 또 다른 용어인 '수련'은 그리스어로는 아스케시스(askesis)를 번역한 것이다. 그러나 현재 그리스도교 내에서 전통적으로 사용하고 있는 수덕(修德)도 동일한 용어를 번역한 말이다. 이것은 이미 고대 그리스철학의 전통에서 이미 존재했던 용어이다. 헬레니즘 시대의 철학에서는 주로 '실천적 훈련'을 의미하는 용어로 아스케시스를 사용하였다. 때로는 아스케시스는 금욕으로 번역되기도 하지만 실제로는 훈련이 적합하다. 현대어에서 금욕주의(asceticism)라는 용어는 일반적으로 먹고 마시고 입고 가지는 것을 철저하게 통제하고 제한하는 것이다. 이것은 고대 철학에서 말하는 앎을 행동으로 실천하기 위한 훈련과는 다르다고 할 수 있다. 그것은 항상 '영혼'에 대한 훈련으로 일종의 사유와 욕망 및 행동을 훈련하는 것이다.

플라톤은 『고르기아스』에서 훈련이 기술(techne)의 획득에서 하는 역할에 주목하였다.[1] 원래 훈련(askesis)은 그리스어 멜레테(melete)와 김나제인(gymnazein)을 포함하고 비슷하게 사용된다. 일반적으로 멜레테와 김나제인의 차이는 멜레테가 일종의 사유의 훈련을 의미한다면 김나제인은 실제적인 상황을 대면하는 훈련과 관련되어 있다. 그것은 사유를 일종의 체화하는 것이라 할 수 있다.[2] 우리가 사유한 것을 체화하기 위해서는 훈련이 필요하다. 소크라테스는 알면 곧 행동한다고 말했지만, 실제로 알면서도 행동하지 못하는 경우는 많다. 그렇기 때문에 앎을 행동으로 옮기기 위한 훈련이 필요한 것이다. 아리스토텔레스는 우리가 좋은 성품을 갖기 위해서 한 번이 아니라 지속적으로 좋은 행위를 해야 한다고 말한다. 이 때문에 습관(ethos)의 중요성을 주장한다.[3] 우리가 알고 있는 것을 행동으로 옮기기 위해서는 일종의 훈련이 필요하다. 훈련을 통해 습관화되면 일정한 경향의 성격이 생기는 것이다. 마치 신체가 훈련을 통해 건강해지듯이 영혼도 훈련을 통해 건강해질 수 있다.

극기와 절제

엄밀한 의미에서 서구 전통의 금욕주의는 사실 그리스철학의 '절제'(sophrosyne)와 매우 밀접한 관련이 있다. 플라톤은 절제가 "어떤 쾌락과 욕망의 억제"이며, "자기 자신을 이긴다"는 표현과 관련 있다고 한다.[4] 절제는 '자기 자신을 이긴다' 또는 '자기 자신보다 더 강하다'(kreitto hautou)라고 표현된다. 다른 말로 '극기'라고 할 수 있다. 자기 자신을 이긴다고 해서 자기 자신을 포기하는 것은 아니다. 이 때 '자기 자신'이란 말은 상황과 맥락에 따라 다르게 이야기될 수 있다.

여기서 '자기 자신'은 욕망을 가리킨다. 플라톤은 영혼의 부분들을 구별하여 보다 좋은 부분과 보다 나쁜 부분의 관계를 설명한다. 그는 영혼의 가장 좋은 부분이 가장 좋지 않은 부분을 지배하게 될 때 '자기 자신보다 강하다'고 표현한다.[5] 다른 말로 이성이 욕망을 지배하게 될 때 자기 자신을 극복한다는 표현을 사용할 수 있다.

플라톤은 인간 영혼의 세 부분들 중에서 가장 강력한 부분이 바로 '욕망'이며 가장 약한 부분이 이성이라고 한다.[6] 그런데 가장 약한 이성으로 가장 강한 욕망을 지배하고 통제하기는 당연히 매우 어려운 일이다. 그렇기 때문에 이성이 욕망을 이기기 위해서는 많은 훈련이 필요하다. 이성이 욕망을 지배한 상태가 바로 절제이다. 플라톤은 절제를 행복의 필수 조건이라 주장한다. "행복하기를 원하는 사람은 절제를 추구하고 훈련해야 한다."[7]

절제는 '극기'(enkrateia)를 통해 이루어진다. 극기는 개인이 절제력을 갖도록 자기 자신에게 행하는 훈련과 조절의 형태이다. 극기는 자기 자신을 윤리적 주체로서 확립하는 조건이다.[8] 이러한 훈련은 욕망과 쾌락에 대한 승리를 지향하며, 욕망과 쾌락을 근절시키는 것이라기보다는 자기 자신에 대한 지배 상태를 구축하는 것이다. 그리스어로 극기(enkrateia)는 의미상으로 '자기 자신 안에 힘(kratos)을 가지고 있는 것'을 의미한다. 우리가 '훈련'을 통해 자신의 욕망과 쾌락을 지배할 '힘'을 가지면 그것들을 극복할 수 있는 것이다. 극기는 욕망이나 쾌락을 제거하는 것을 목표로 하지 않으며 단지 그것들을 지배하려는 것을 목표로 한다.

이성의 지배와 훈련

플라톤은 인간 영혼의 부분들인 이성과 기개와 욕망 중에서 특히 욕망은 본래 수많은 머리들을 가지고 있을 뿐만 아니라 단 하나의 인간의 머리를 가진 이성의 힘보다 훨씬 더 강력하다고 주장한다. 그래서 이성이 욕망을 지배하는 힘을 기르기 위해서는 어려서부터 '교육'이 중요하다고 강조한다. 그런데 그리스철학에서 궁극적으로 우리가 자기 자신 안에 힘을 길러 자기 자신을 극복하고 지배하려는 목적은 무엇일까? 그것은 자기 자신을 포기하려는 것이 아니라 오히려 새로운 자기 자신을 구축하기 위한 것이다.[9] 미셸 푸코는 그리스철학에서 아스케시스(askesis)는 그리스도교와 달리 도덕법이나 윤리 원칙 또는 종교의 계율에 복종하는 행위가 아니라 '진리의 실천'이라고 말한다.[10] 그것은 영혼이 수동적으로 법에 의해 지배받아 행동하게 되는 방식이 아니라 능동적으로 선택하고 결단하여 행동하는 방식이다.

고대 철학자들에게 금욕은 가장 좋은 삶을 살고자 하는 목적을 위해 영혼을 훈련하는 수단으로 활용되었기 때문에 금욕의 종류나 방법, 또는 금욕의 범위 및 강도 등이 일률적으로 나타날 수가 없었다. 물론 그리스 철학자들 중에도 표면상으로도 금욕주의와 같은 형태의 삶의 방식을 따르는 사례들은 있지만, 엄밀히 철학적 목표와 원리에 따라 금욕적 삶의 방식이 달리 나타나기 때문에 그리스도교의 금욕적 삶의 방식과는 궁극적으로는 다르다고 할 수 있다. 한 마디로 그리스철학에서의 금욕은 그리스도교의 금욕과는 기원과 원리의 측면에서 다르게 출발한다고 볼 수 있다. 그렇지만 그리스철학과 그리스도교에서 영혼 훈련이나 영성 훈련과 관련된 삶의 방식을 본다면 둘 다 모두 훈련이나 금욕 또는 고행의 요소를 모두 가지고 있는 것을 알 수 있다. 따라서 그리스철학의 영혼 훈련의 방식과 금욕적 행동 방식들을 개략적으로 분석하여 그리스도교와의 유사점과 차이점을 살펴볼 필요가 있다.

그리스철학의 훈련

서구 금욕주의의 특징은 오르페우스교와 피타고라스학파의 논의에서 찾아 볼 수 있다. 그렇지만 오르페우스교와 피타고라스학파 역시 영혼의 훈련은 영혼을 정화하기 위한 목적으로 실행된다. 인간의 영혼이 정화되어야 하는 이유는 "인간이 저지른 씻기 힘든 옛 악행들에서" 비롯된 신을 모독하려는 충동과 관련되어 있다.[11] 그들은 살생을 하면 안 된다거나 거짓말을 하면 안 된다는 등의 규범적인 도덕 법칙을 합리적 설명을 폐기한 채 명령형으로 제시하고 있다. 플라톤에게도 이런 방식의 명령형이 전혀 나타나지 않는 것은 아니다. 때로는 플라톤도 구체적으로 삶의 원칙들을 몇 가지 제시하기도 한다.

『국가』에서 신체의 훈련과 관련된 교육에 대해 말할 때 술을 마시되 취해서 자신이 어디에 있는지도 모르는 상태가 되어서는 안 되며, 양념을 지나치게 사용하지 말아야 하며 간소한 음식을 취해야 하며 과도한 간식 등에 대해 절제할 필요성을 언급하였다.[12] 『법률』에서 건강을 유지할 정도 이상으로 잠을 많이 자는 것은 신체나 영혼에도 좋지 않다고 하며 지나치게 잠을 자지 말라고 한다. 왜냐하면 "잠자는 동안은 그 누구도 아무런 가치가 없으며, 살아 있지 않은 자보다 조금도 더 나을 것이 없기 때문"이라고 말한다.[13] 그러나 그것은 궁극적이고 보편적인 삶의 원칙을 제시하고 구체적인 사례로서 설명하고 있는 경우이다.

일반적으로 플라톤의 영혼의 '훈련'을 한 마디로 말한다면 '죽음에의 연습'이라 할 수 있다. 그는 근본적으로 우리의 영혼을 신체나 신체적인 것으로부터 분리하는 훈련을 해야 한다고 말한다. 만약 우리가 신체적인 욕망에 의해 지배된다면 노예와 같이 자유롭지 못한 삶을 살게 될 것이다. 그렇다면 진리를 향해 나아가는 데 방해가 될 수밖에 없다. 따라서 우리가 욕망에 의해 지배되지 않도록 훈련을 할 필요가 있다. 소크라테스처럼 훈련이 잘된 사람은 먹지도 자지도 않고 전혀 움직이지 않으면서 사유에 집중할 수 있는 것이다. 언제 어디서든 한번 생각에 빠지면 오랜 시간 동안 움직이지 않고 생각에 잠겨 있던 소크라테스의 기행은 이미 잘 알려져 있다. 소크라테스의 지인들은 소크라테스가 약속 장소에 나타나지 않으면 으레 남의 집 담벼락에서 생각에 빠져 있으리라 여겼다.[14]

그렇지만 우리는 집중하여 사유를 지속시키기가 쉽지 않다. 가장 큰 원인은 여러 가지 신체적 욕망들이 들락거리며 자기 자신에게 집중하거나 골몰하는 것을 방해하기 때문이다. 그래서 플라톤은 우리에게 신체적 쾌락을 포기하고 자기 자신의 주인이 되는 방식으로 살아가라고 한다.[15] 철학은 일종의 영혼의 훈련이다. 영혼의 훈련은 영혼을 정화시키는 역할을 한다. 그것은 영혼을 비합리적이고 비이성적인 것으로부터 벗어나게 하는 것이다. 플라톤이 추구하는 영혼 정화의 궁극적 목표는 진리의 인식이다. 플라톤의 금욕이나 훈련(askesis)은 궁극적으로 욕망을 억압하고 제거하는 데 있는 것이 아니라 진리를 인식하고 실천하는 데 있다.

헬레니즘 학파의 절제

에피쿠로스학파는 공동체 생활을 이상으로 하며 매일 정원에 모일 때 은전 두 닢을 입장료로 받아 간단하게 식사를 해결했다고 한다. 일반적으로 에피쿠로스학파의 철학의 궁극적 목표가 즐거움 또는 쾌락이라고 한다. 에피쿠로스학파에서 금욕이 가능한 이유는 진정한 '즐거움'이 무엇인가에 대한 반성적 성찰 때문이다. 진정한 즐거움에 도달하기 위해 우선 인간의 불행과 고통의 원인을 분석할 필요가 있다. 에피쿠로스학파는 인간이 불필요한 욕망 때문에 고통의 나락으로 빠져든다고 생각했다. 따라서 욕망의 종류를 구분하여 자연적이지도 필연적이지 않은 헛된 욕망과 나아가 자연적이지만 필연적이지 않은 욕망까지도 조절할 필요가 있다고 생각했다.[16]

스토아학파의 제논의 경우도 빵 한 조각, 무화과 몇 개, 약간의 물을 마시며 제자들을 가르쳤다고 전해진다. 그렇지만 이것은 제논이 선택한 삶의 목표와 관련된 삶의 방식의 결과로 나타난 몇 가지 현상들에 불과할 뿐이다. 전체적으로 스토아학파의 훈련은 영혼의 기능들 중 특히 사유의 훈련에 관한 것이 많다. 우리는 대상을 그 자체로 보기보다는 우리의 욕망이나 편견, 또는 기존 관습이나 법칙에 의한 가치 평가를 통해 대상을 평가하기 쉽다. 에픽테토스는 우리를 심란하게 만드는 것은 사물 그 자체가 아니라 사물에 대한 우리의 믿음 때문이라고 한다.[17] 마르쿠스 아우렐리우스도 우리가 어떤 것을 바라볼 때 그것 자체로 볼 필요가 있다고 말한다. 모든 대상을 정의하고 기술하면서 대상 자체를 본질로서 어떤 것인지를 말하게 하는 방식으로 훈련할 필요가 있다고 말한다.[18] 이러한 방식으로 훈련을 하면 세속에 대해서도 초연해지고 집착하지 않게 된다.

퀴니코스학파는 금욕적 삶의 방식을 매우 독특한 형태로 드러낸다. 그들은 세상 사람들의 일상적 삶과 완전히 단절되어 살아가는 사람들이었다. 그렇다고 봉쇄 수도원의 수도자들처럼 생활하는 것도 아니다. 단지 그들은 사회의 기본적 규칙이나 예의 등과 같은 것을 무시하는 행동들을 서슴지 않았을 뿐이다. 또한 그들은 도시나 집이 없이 돌아다니며 살았고 구걸하면서 연명하였다. 퀴니코스학파의 디오게네스는 사회적 지위나 명예 및 재산 등을 모두 버리고 작은 통속에서 살았다는 이야기는 유명하다. 이러한 점은 일반적인 금욕의 개념이 가지고 있는 특성들과 유사하다.

그러나 그리스도교의 금욕과 달리 나타나는 특이한 점은 퀴니코스학파의 사람들이 대중들 앞에서 노골적인 성적 행위를 하는 것을 꺼리지 않았다는 것이다. 퀴니코스학파는 단지 자연적인 상태가 인위적인 상태보다 우월하다고 생각했기 때문에 인간의 영혼을 약화시키는 기존의 관습이나 문명, 사치나 허영 등을 모두 배척했다. 따라서 결과적으로는 금욕적 삶의 방식처럼 나타나지만 세부적인 면에서는 의외의 행동 방식이 드러나는 것이다. 따라서 헬레니즘 시대의 철학의 여러 학파들은 각기 자신들의 철학적 목표와 원리에 따라 금욕이나 훈련 방식이 다른 모습으로 나타난다고 볼 수 있다.

4

그리스도교의 영혼 훈련과 금욕주의

금욕적 전통의 계승

그리스철학의 영혼의 훈련은 초기 그리스도교의 사막 교부들과 수도자들이 영성 훈련을 하는 데 상당한 영향을 미쳤다. 그럼에도 불구하고 이러한 영향은 아직까지 별로 주목받지 못했고 많은 연구가 이루어지지 않고 있다. 그렇지만 헬레니즘 철학에서 중시되는 '죽음에의 연습', '의식의 감찰', '자기 자신에 대한 집중', '관조', '묵상' 등의 특징은 초기 그리스도교에도 그대로 나타난다. 가령 이미 소크라테스로부터 중시되던 '죽음에의 연습'은 헬레니즘 철학의 영혼 훈련의 주요 원리가 되었을 뿐만 아니라 그리스도교에서 성서를 통해 중요한 원리로 이해된다. 또한 아리스토텔레스철학에서 특히 강조되는 '관조'(theoria)는 헬레니즘 철학에서 '명상'으로, 그리스도교에서 '관상' 개념으로 정착되었다. 또한 스토아학파에서 말하는 '의식의 감찰'과 '자기 자신에게 집중'과 같은 원리들은 초기 그리스도교 수도자들의 훈련 원리에 등장한다.

우선 초기 그리스도교는 유대인과 로마인의 종교적 박해로 인해 시련과 고난을 겪게 되고 하느님의 나라를 기다리면서 세속적 가치를 멀리하게 되었던 것으로 보인다. 현세에서 죄에 물들지 않기 위해 금욕주의를 선택하는 사람들이 늘어났다. 여기서 금욕주의(asceticism)는 원래 영혼의 '훈련'(askesis)을 가리키는 말이다. 초기 그리스도교에서는 자기 부정적인 금욕적 삶을 지향했는데 단식과 기도, 가난과 노동, 순결과 독신 등의 생활 방식을 실천하였다. 고대 그리스철학과 헬레니즘 시대의 스토아학파를 통해 금욕적 삶의 이상은 이미 3세기에는 지중해 지역에 확산되어 있었다. 그리스도교에서 특히 사도 바오로는 서간문을 통해 금욕적 삶에 대한 권고를 구체적으로 제시하였다. 그는 가능하면 독신을 지키고 살 것을 권하고 있다.

사막 교부들과 은수자들

역사적으로 기원후 3-4세기에 그리스도교 내에 매우 특별하고 정말 놀라운 현상이 나타난다. 수도 생활을 하려는 사람들이 대규모 군락을 이루며 공동체를 형성하였는데 엄청난 규모로 확산되었다는 것이다. 현대에서 본다면 당대에 수많은 사람들이 어떻게 금욕 생활을 하기 위해 이집트 주변으로 몰려들었는지는 놀랍기만 하다. 그것도 교회가 조직적으로 개입한 것도 아니고 개인적인 구도의 목적으로 모였던 것으로 나타난다. 알렉산드리아(Alexandria) 주변에 수도자들이 약 2천명이나 되었고, 니트리아(Nitria) 주변의 수도자들 약 3천명까지 합치면 약 5천명의 수도자들이 세속과 떨어져 금욕적인 삶을 살았던 것으로 나타난다. 나중에는 테베 주변에 수도자들은 약 5만 명이나 모여 살았다고 한다.[1] 수도자들이 가장 많이 몰린 지역들은 이집트(Egypt), 시리아(Syria), 카파도키아(Cappadocia), 팔레스타인(Palestine) 등이다.

수도자들은 은수자(hermit)나 수도승(monk)으로 불리기도 한다. 그들은 영혼과 육체를 훈련하기 위해 세속적 삶을 떠나기를 원했다. 그리스어로 아나코레시스(anachoresis)는 '분리'를 의미한다. 세상에서 물러나서 또는 분리되어 홀로 구도 생활을 하던 사람을 '수도자'(monachos)라고 불렀다. 이 용어는 원래 그리스어 모노스(monos), 즉 '하나' 또는 '혼자', 또는 '홀로' 등을 의미한다. 그리하여 우리말 수도자는 세상에서 물러나서 '홀로' 사는 사람을 의미한다. 그런데 이렇게 세상과 떨어져 홀로 사는 이유는 바로 훈련 또는 수련을 하기 위한 목적이기 때문에 특별히 '수도자'(修道者)라는 번역어를 쓰는 것으로 보인다. 실제로 당시의 수도사를 독수도승이라고 부르기도 한다. 그것은 오늘날의 수도원과 달리 당시 수도자들은 각기 홀로 살았기 때문이다. 그들은 처음에 이집트의 사막 주변 지역이나 카파도키아의 기암괴석 지역 등에서 '홀로' 금욕적 수도 생활을 하면서 주일에는 '공동'으로 미사를 보았다고 한다.

초기 그리스도교의 금욕주의

그리스도교의 금욕주의는 유대교의 금욕적 전통과 고대 그리스철학과 헬레니즘 시대 철학의 영향을 많이 받은 것으로 보인다. 기원후 3세기경에 이미 고대 그리스철학의 금욕적 특징과 철학적 실천, 헬레니즘 학파들의 영혼 훈련이나 공동체 생활 등은 지중해 지역을 중심으로 전파되었다. 특히 기원후 3-4세기의 사막 교부(The Desert Fathers) 중

알렉산드리아의 클레멘스(Clement of Alexandria), 오리게네스(Origen of Alexandria), 카이사리아의 바실레이오스(Basil of Caesarea), 나지안주스의 그레고리오스(Gregory of Nazianzus), 폰투스의 에바그리오스(Evagrius of Pontus), 알렉산드리아의 필론(Philo of Arexandria) 등은 당대의 세속적 철학과의 연관성을 분명히 볼 수 있다. 그들은 당대의 그리스철학에서 특히 플라톤과 아리스토텔레스의 철학뿐만 아니라 스토아학파 철학의 주요 개념들을 자연스럽게 사용하고 있다.

초기 그리스도교에서 기원후 3세기경 주로 이집트 사막에서 활동하던 은수자나 수도승을 '사막 교부들'이라 통칭한다. 알렉산드리아의 아타나시우스(Athanasius of Alexandria)가 수도자의 전형적인 인물로 제시했던 성 안토니우스(Anthony of Egypt)는 금욕적 삶의 대표적인 특징을 보여 준다. 그는 그리스도교의 수도원 전통에 매우 중요한 영향을 미쳤다. 이집트 사막 교부로 오리게네스의 제자였던 에바그리우스의 신학에는 고대 그리스철학과 스토아철학의 주요 개념과 논의가 그대로 활용되고 있다. 에바그리우스는 플라톤과 마찬가지로 영혼을 이성적 부분(logistikon), 기개적 부분(thymikon), 욕구적 부분(epithymetikon)으로 구별한다. 또한 플라톤의 영혼과 신체의 이원론을 가져와 영혼과 신체의 분리를 통해 영혼을 정화하기 위한 죽음에의 연습을 거의 동일한 의미로 사용하고 있다. 나아가 스토아학파의 개념을 사용하여 영혼이 우리를 방해하는 모든 것들과 전투하여 '무정념'(apatheia)의 상태에 도달하는 것을 실천적 단계의 훈련 목표로 삼고 있다.

스토아학파에서 영혼의 훈련 방법으로 많이 사용했던 '자기 자신에 대한 집중'이나 '의식의 감찰'과 유사한 훈련 방식을 그들에게서 자주 엿볼 수 있다. 성 안토니우스는 임종하면서 "마치 오늘이 마지막 날인 것처럼 사십시오. 여러분 자신에게 주의를 기울이십시오."라고 하며 자신의 의식을 늘 감찰하라고 한다.[2] 나지안주스의 그레고리오스도 스토아학파의 자기 자신에 전념하기, 현재에 집중하기, 죽음을 늘 생각하기 등 스토아학파에서 말하는 훈련 방식을 언급하고 있다. 카이사리아의 바실레이우스도 자기 자신에게 주의를 기울이라고 하면서 플라톤과 마찬가지로 우리의 육체나 재산을 살피는 것이 아니라 우리의 영혼을 돌보라고 한다. 알렉산드리아의 클레멘스는 소크라테스의 '죽음에의 연습'을 언급하면서 하느님에 대한 진정한 믿음은 우리 자신을 육체와 그것의 정념과 완전히 분리하는 데 있다고 말한다.

이냐시오의 영신수련

중세 철학과 신학에서도 고대 그리스와 헬레니즘 철학의 영향이 지속되기는 했지만, 그리스도교의 학문적 체계가 확립되어 가면서 차이점도 분명해졌다. 중세에도 수도원이 존속되었지만 영혼의 훈련과 관련된 논의들이 학문적으로 특별히 주목받지는 못했다. 그렇지만 교회 내에 수도원 전통은 면면히 지속되어 왔기 때문에 근대에 이르러 새롭게 조명되었다. 예수회 로욜라의 이냐시오(Ignacio de Loyola)가 기존의 수도원의 수도 원리를 영신수련으로 체계화하면서 새로운 양상을 띠게 된다. 그는 영성수련을 "자기 자신을 이기고 어떤 무질서한 애착에도 이끌림 없이 생활에 질서를 세우기 위한 영적 수련들"이라고 정의한다.[3] 이냐시오의 영신수련에 대한 정의는 사실 고대 그리스철학이 추구하던 영혼의 훈련의 기본적인 입장을 총괄하는 것으로 보인다.[4]

"영신수련이란 양심 성찰과 묵상 기도, 관상 기도와 염경 기도 및 침묵 중에 기도하는 방법을 포함한 앞으로 다루게 될 모든 정신 활동의 방식들을 말한다. 산보와 걷기, 달리기가 몸의 운동인 것처럼 온갖 무질서한 애착을 없애도록 우리 정신을 준비하고 내적 자세를 갖추며 그런 다음에 영혼의 구원을 위하여 자신의 인생에 대한 하느님의 뜻을 찾고 발견하려는 모든 방법을 영신수련이라고 하는 것이다."

로욜라의 이냐시오의 영신수련에 제시된 명상의 방법이 고대 철학의 영혼 훈련에 깊이 뿌리박혀 있는 것을 볼 수 있다. 특히 스토아학파와 에피쿠로스학파의 경우에서 로욜라의 이냐시오에서 발견되는 동일한 종류의 영혼 훈련을 찾을 수 있다.[5] 이냐시오가 말하는 양심 성찰, 묵상, 관상, 침묵 등은 물론이고 심지어 산책과 걷기조차도 헬레니즘 학파에서는 영혼을 훈련하는 중요한 방법이 되었다.

그리스철학에서 본다면 영성수련이나 영신수련 또는 영적 훈련을 번역한다면 '영혼'의 훈련이라 볼 수 있다.[6] 아도는 고대인들의 영적 훈련을 철학 그 자체로 보고 있다. 그는 우리가 고대 철학을 단지 문헌화된 이론들로서만이 아니라 우리의 삶의 상식을 완전히 변화시키기 위한 일련의 실천 또는 훈련으로 보아야 한다고 말한다.[7] 그러나 그리스도교로 넘어가면서 바울의 용법으로 인해 그리스도교의 영성 훈련과 그리스철학의 영혼 훈련은 다른 양상을 보이게 된다. 일단 그리스도교에 있어서 영성은 단지 인간 영혼의 본성과 관련된 부분뿐만 아니라 하느님의 영, '성령'(Holy Spirit)과도 연관된다. 그래서 그리스도교의 영성은 독립적인 인격적 신과의 관계에서 '자기-극복적인' 윤리학적 측면뿐만 아니라 '자기-초월적인' 형이상학적 측면을 가지고 있다.

그리스도교에서는 특히 '자기-초월적인' 형이상학적인 측면을 훨씬 강조하고 있다. 여기서 '자기-초월적인' 측면은 단지 주체가 자신을 넘어서는 것이 아니라 주체가 자신과 독립적인 또 다른 초월적 존재와의 관계에서 발생한다. 그것은 능동적인 측면도 있지만 수동적인 측면도 있다. 중세 교부철학과 스콜라철학에서 말하는 조명설에 따르면 인간의 영혼은 자기 자신의 이성적 기능과 실천적 훈련을 통해 도달할 수 있는 영역이 있고, 신의 조명에 의해 도달할 수 있는 영역이 있다. 결국 이런 의미에서 그리스도교의 영성을 말할 때 능동적으로는 인간의 영혼 훈련이 필요하며, 수동적으로는 신의 지성의 조명이 필요하다. 그리하여 그리스도교에서 인간은 아무리 훈련을 한다고 할지라도 자신의 노력만으로는 초월할 수 없으며 구원받을 수 없다.

그리스도교의 수덕(修德)

결국 고대 그리스철학에서는 철학적 주요 이론이나 원리를 실천적으로 행하기 위한 훈련을 하는 과정에서 일반적으로 '금욕적'인 삶의 형태로 나타난다고 말할 수 있다. 실천적 훈련을 의미하는 아스케시스(askesis)는 또 다른 측면에서 원리나 이론의 인식과 배움을 의미하는 마테시스(mathesis)와 대비된다. 그것은 이론적 원리나 이성적 설명을 의미하는 로고스(logos)를 대상으로 삼는다. 어떤 측면에서 훈련과 배움은 철학적 지혜 또는 지식을 대상으로 하기 때문에 하나의 목표가 실현되기 위한 두 가지 행동 양식이라 할 수 있다. 국내에서 그리스도교와 관련된 주된 텍스트들이 번역될 때 철학의 번역 용어와 신학의 번역 용어가 각 영역에서 독자적으로 번역되면서 동일 개념을 철학적 맥락과 신학적 맥락에서 조금씩 달리 번역되었던 것으로 보인다. 하지만 한자어 수덕을 '덕을 닦는다'는 의미로 푼다면 실제로는 유사한 행위를 지시하는 것처럼 볼 수도 있다. 만약 한자어 '덕'을 그리스어의 아레테(arete)를 번역한 것이라 한다면 수덕(修德)은 인간의 탁월성을 발휘하게 하도록 훈련하는 것이라고 해석할 수 있기 때문이다.

그리스도교의 수덕은 사실 그리스철학의 주요 철학적 원리와 직접적으로 연관된다고 할 수 있다. 엄밀히 '훈련' 또는 수련의 주체는 영혼이지만 영혼이 닦아야 하는 대상은 고대 그리스철학에서도 덕(arete)이었기 때문이다. 국내 번역어 수덕(修德)은 영혼 훈련의 적절한 대상을 포함하여 만든 것으로 보일 수 있다. 그리스철학의 맥락에서는 탁월성을 훈련하는 것은 철학적 원리나 이론을 연구하는 것과 더불어 매우 중요한 요소라 할 수 있다. 플라톤은 영혼의 탁월성은 신체의 탁월성과 유사하다고 보고 있다. "영혼의 탁월성도 처음에는 그 안에 있지 않았으나, 습관(ethos)과 훈련(askesis)에 의해 나중에 생기기 때문이다."[8] 플라톤은 인간이 태어나서 배우는 방식과 관련해 '모방'에 대해서 설명하면서 모방으로부터 행동이나 말이나 사유의 습관이 생기고 성향으로 굳어진다고 말한다.[9] 나아가 "탁월성은 일종의 영혼의 건강(hygeia)이며, 아름다움(kalos)이며 좋은 상태인 반면에 나쁜 상태는 일종의 영혼의 질병이요 추함이며 약함인 것" 같다고 말한다.[10] 플라톤은 탁월성이 후천적으로 획득된다고 생각하였다.

사실 아리스토텔레스의 고유 개념으로 '습관'을 생각해 왔지만, 이미 플라톤이 주목했었던 것을 볼 수 있다. 플라톤은 이것들을 포괄하는 개념으로 '교육'(paideia)을 주로 사용했었다. 아리스토텔레스는 인간이 행복이라는 궁극적인 목표에 도달하기 위해 인간이 가진 고유한 탁월성을 발휘해야 한다고 생각하였다.[11] 인간의 주요 기능은 감성과 지성으로 나누어지며 각자 탁월하게 발휘할 수 있도록 해야 한다. 아리스토텔레스는 이것들의 탁월성을 성품의 탁월성과 지성의 탁월성이라 각각 별칭하였다. 아리스토텔레스도 탁월성의 훈련을 위해 가장 중요한 것은 '습관'이라 생각하였다.[12] 우리가 자신의 영혼의 탁월성을 잘 발휘하기 위해 훈련은 필수적인 것이다. 이러한 훈련의 과정은 금욕으로 보일 수도 있고 고행으로 보일 수도 있다. 금욕이나 고행은 행위의 궁극적인 목표를 직접적으로 보여 주지 않기 때문에 아스케시스가 '훈련'이란 본래적 의미보다는 부차적 의미로 현대에 사용되었다고 볼 수 있다.

5

현대사회와 영혼 훈련의 의미

그리스철학과 초기 그리스도교의 '영혼 훈련'

이미 고대 그리스철학이 그리스도교에 미친 영향에 대해서는 많은 연구가 있었다. 그러나 이러한 연구들은 대부분 중세 중반의 교부철학에 초점이 맞춰져 있다. 중세신학의 체계를 세우는 데 플라톤과 아리스토텔레스의 철학은 중심적인 역할을 했다. 그러나 최근에 철학 실천과 관련하여 주목하는 영혼 훈련의 주요 쟁점은 초기 그리스도교의 사막 교부들과 수도원 운동에 주로 결부되어 있다. 여기서 초기 사막 교부들과 수도원에서 헬레니즘 철학의 구체적인 내용이 어떻게 수용했는지를 모두 분석할 수는 없다. 그러나 최소한 헬레니즘 철학의 실천적 원리와 관련하여 영혼 훈련의 두 개념 '영혼'과 '훈련' 개념의 변천을 검토해 보았다. 그리스 사상의 영혼 개념은 그리스 서사시와 비극으로부터 철학에 이르기까지 상당 기간에 걸쳐 체계화된 통합 개념이다.

그러나 초기 그리스도교에서는 프쉬케가 아닌 프네우마를 선택하였을 뿐만 아니라 프쉬케보다 프네우마를 존재론적으로 우월한 것으로 설정한다.

사실 그리스 사상에서는 프네우마보다는 프쉬케가 영적 이미지가 훨씬 더 강하다. 오르페우스종교와 피타고라스학파 및 플라톤에게서 프쉬케는 육체와 분리 가능한 독립적인 실체로 신적인 특성을 가진 것을 설명된다. 그럼에도 불구하고 초기 그리스도교가 초월적인 '영' 으로서의 프네우마를 선택한 것은 그리스철학의 전통적 개념과 구별하기 위한 선택이었다고 분석할 수 있다. 이러한 점에서 그리스철학에서의 영혼의 훈련과 그리스도교에서의 영성수련 간에 차이점이 나타나지만, 영혼 훈련의 기본적인 방법이나 원리는 별로 다르지 않다.

금욕주의의 전통

그리스철학에서 훈련은 그리스어로 아스케시스(askesis)이며 실천적 맥락에서 사용되고 있다. 훈련의 중요성은 앎과 행위, 이론과 실천의 머나먼 간격 때문에 있는 것이다. 물론 우리는 알면 행동한다고 생각한다. 그렇지만 우리가 아는 것을 실제로 행동으로 옮기는 것은 생각보다 훨씬 어려운 일이다. 그래서 헬레니즘 철학으로 넘어가면서 영혼의 훈련은 실천적인 맥락에서 점차 강조되었다. '훈련' 은 그리스도교와 관련하여 금욕이라는 용어로 제한적으로 사용되기도 한다. 그러나 금욕주의(asceticism)의 전통은 이미 그리스 초기부터 있었다. 엄밀히 그리스 금욕주의는 욕망의 억압이나 제거라기보다는 욕망의 통제와 지배에 목적이 있다. 욕망도 고유한 기능과 역할을 가졌기 때문에 지나치지 않고 적절하게 조절하는 것이 관건이다. 그리스에서 훈련의 대상은 아무래도 욕망과 밀접한 관련이 있다. 따라서 훈련과 관련된 가장 중요한 개념들이 바로 절제와 극기이다. 극기는 자기 자신, 즉 욕망을 극복하는 것이다. 그래서 미셸푸코는 극기를 윤리적 주체로서 자기 자신을 확립하는 조건이라 말했다.

우리는 극기(enkratia)를 통해 절제를 획득하게 된다. 만약 우리가 행복하게 살기 원한다면 반드시 절제하기 위한 훈련을 할 필요가 있다. 그리스철학의 영혼 훈련은 방법론적으로 초기 그리스도교의 수도자들의 영성 훈련에 많은 영향을 미쳤다. 그리스도교의 영성수련은 그리스철학의 영혼 훈련의 자기 지배 및 자기 극복의 윤리적 측면뿐만이 아니라 신과의 관계에서 자기 초월의 형이상학적 측면을 가지고 있다. 더욱이 그리스철학의 영혼 훈련은 진리를 인식하기 위한 자기 자신의 노력에 의해 가능하지만, 그리스도교의 영성수련은 자기 자신의 노력도 중요하지만 신에 의한 구원이 반드시 필요하다. 그리스철학과 그리스도교에서 영혼 훈련은 궁극적으로 인간에게 가장 좋은 삶을 추구할 수 있도록 삶의 방식을 변화시키는 데 목표가 있다. 그리하여 기본적으로 영혼을 훈련시키는 방법에서 상호 유사성이 나타나지만 그리스도교의 자기 초월적인 측면과 관련하여 차이점이 있다.

철학적 훈련과 종교적 훈련

현대에 와서 미셸 푸코는 헬레니즘 시대와 로마 시대의 영혼 훈련과 그리스도교의 영혼 훈련이 분명히 구별되는 측면들을 가지고 있다고 주장한다.[1] 헬레니즘 시대와 로마 시대의 훈련을 '철학적 훈련', 그리스도교의 훈련을 '종교적 훈련'이라 한다면 다음과 같이 정리해 볼 수 있다. 첫째, 철학적 훈련은 자기 실존을 목표로 하지만, 종교적 훈련은 자기 포기를 목적으로 한다. 둘째, 철학적 훈련은 삶 속에서 마주칠 사건들을 방어하기 위한 장치를 마련해 주는 것을 목표로 하지만, 종교적 훈련은 자기 자신의 어떤 부분이나 특징을 포기하거나 희생하는 순서를 규칙화하는 것이다. 셋째, 철학적 훈련은 자신을 진리와 연관시키지만, 종교적 훈련은 그렇지 않다. 사실 푸코의 분석을 통해 그리스 철학과 그리스도교에서 훈련의 개념이 어떻게 달라지는지를 살펴볼 수도 있지만, 어떻게 유사한지를 검토해 볼 수 있는 측면이 있다.

우선 철학적 훈련은 근본적으로 자신의 실존을 위해 존재하는 면이 분명히 있다. 그리스철학에서는 인간의 본성을 분석하여 인간에게 가장 좋은 삶 또는 행복한 삶을 살아가기 위해 자기 자신을 적절히 통제하고 지배할 수 있는 훈련을 제시한다. 그리스도교에서도 분명히 가장 좋은 삶을 살려는 목표를 갖고 있다. 그것은 바로 신을 믿는 것이며 인간을 구원받게 하는 것이다. 이를 위해 단지 믿음만이 아니라 믿음의 실천을 포함한다. 다른 말로 믿음은 행위의 징표를 가진다. 사실 그리스도교에서 '믿음'은 단지 믿음 그 자체만을 의미하지 않는다. 마치 소크라테스가 '알면 행동한다'고 할 때와 마찬가지로 진정한 앎은 실천을 전제하는 것처럼, 진정한 믿음도 실천을 전제하는 것이다. 그래서 만약 내가 그리스도교를 믿는다면 그리스도를 따라 살아야 한다는 것이다. 초기 그리스도인은 신 앞에서 철저히 자신을 희생하고 헌신하며 포기하는 삶을 사는 것을 최선의 삶의 방식이라 생각한 것으로 보인다.

다음으로 철학적 훈련은 분명히 삶 속에서 마주칠 사건들을 미리 준비시키는 목표를 가지고 있다. 미셸 푸코는 아마도 구체적인 삶의 훈련과 관련하여 스토아학파의 훈련의 방식들을 염두에 두었을 가능성이 높다. 특히 스토아학파의 최악의 사태에 대한 예비 훈련이 전형적인 사례가 될 수 있다. 그러나 그 외에도 우주적 관점으로 자아를 확장시켜 보려는 훈련이나, 높은 곳에서부터 아래를 내려다보듯이 모든 것을 하찮게 보려는 훈련도 이러한 목표의 훈련으로 해석할 수 있다. 푸코는 종교적 훈련에 대해 자기 자신의 어떤 부분이나 특징을 포기하거나 희생하는 순서를 규칙화한다는 특징을 잘 잡아내었다. 이것은 헬레니즘 철학의 외형적 특징과 유사한 측면도 없지 않다.

특히 그리스철학의 절제와 극기에 관련된 철학적 담론은 영혼의 부분들 중 욕망의 지배와 관련하여 그리스도교의 자기 포기와 비슷한 면이 있다. 그리스도교의 자기 포기에서 '자기'는 바로 세속적인 삶에 얽매여 있는 욕망과 연관되어 있다. 그렇다면 바로 이러한 부분을 포기하기 위해 지속적인 훈련이 필요한 것이다. 왜냐하면 '그리스도를 따르는 삶'은 자기 자신을 버리는 삶이라 생각하기 때문이다. 근본적으로 그리스철학이나 그리스도교는 훈련의 대상은 비슷하지만 궁극적 목표와 방식에 약간의 차이가 나타난다고 볼 수 있다. 즉 양자가 세속적 욕망과 관련되는 자기 자신을 대상으로 훈련하는 측면에서 비슷하다고 할 수 있다. 또한 양자가 모두 궁극적으로 좋은 삶을 추구한다. 그렇지만 그리스철학은 궁극적으로 자기완성을 통한 신적인 삶이라 할 수 있는 좋은 삶을 목표로 한다면, 그리스도교는 자기희생을 통한 신에 의해 구원받는 좋은 삶이 목표이다. 그렇기 때문에 철학적 훈련은 앎의 주체이며 행위의 주체로서 자기 자신을 끊임없이 돌보는 데 있다면, 종교적 훈련은 세상에 속한 자기 자신을 포기하고 희생하는 데 있다고 주장할 수 있다.

사실 '자기완성'과 '자기포기'는 서로 반대되는 표현같지만 강조점을 달리할 뿐이다. 그리스철학에서 자기완성은 영혼의 능력을 탁월하게 발휘하는 활동을 통해 도달하는 것으로 곧 좋은 삶 또는 행복이라 불린다. 그리스도교에서 자기포기는 특히 인간의 비합리적 욕망과 관련된 '자기'를 포기하는 것이다. 이것은 종교적 훈련에서 가장 기본적인 훈련이다. 궁극적으로는 신을 닮은 삶을 살도록 영혼을 훈련하는 것이다.

셋째, 미셸 푸코가 철학적 훈련은 진리와 연관되지만 종교적 훈련은 그렇지 않다고 주장하는 이유는 분명하다. 철학은 궁극적으로 진리 인식을 목적으로 한다. 그러나 이것은 바로 좋은 삶을 사는 것과 직결된다. 플라톤이 우리에게 진리를 인식해야 한다고 주장하는 것은 그것이 가장 올바른 삶 또는 가장 좋은 삶이라고 생각하기 때문이다. 아리스토텔레스도 인간의 삶의 형태들 중 진리를 관조하는 삶이 가장 좋다고 한다. 헬레니즘 철학이 일차적으로 자연학과 인식론을 연구하는 이유는 우리가 인간을 포함한 세계를 명확하게 인식할 수 있다면 아파테이아(apatheia)나 아타락시아(ataraxia)에 이르러 가장 좋은 삶을 살 수 있기 때문이다.

그리스도교의 종교적 훈련은 신의 구원을 얻는 것과 관련되어 있다. 그렇지만 그리스도교에서 신은 바로 '진리'이기도 하다. 초기 그리스도교가 그리스철학을 긍정적으로 수용할 수 있었던 것은 바로 그것이 로고스(logos)를 추구한다고 생각했기 때문이다. 그리스도교는 자신들이 '참된 로고스'를 추구한다고 생각했기 때문에 그리스철학과 유사점과 차이점이 있다고 생각했다. 철학적 훈련이 진리를 목표로 하고 종교적 훈련이 신을 목표로 한다는 점에서 다르지만, 그리스도교의 신이 바로 진리이라 생각했던 측면에서는 유사성을 보여 주고 있다고 할 수 있다.

현대 사상의 영혼 훈련

푸코는 헬레니즘 철학에서 발견되는 삶의 양식과 관련하여 존재의 기술을 다음과 같이 정의한다. 그것은 "사람들이 스스로 행동 규칙들을 정할 뿐만 아니라 자신을 변형시키고 자신들의 삶을 어떤 미학적 가치를 지닌, 그리고 어떤 양식의 기존에 부합하는 하나의 작품으로 만들려는 의도적이고 자발적인 행위들"[2]이다. 피에르 아도(Pierre Hadot)는 미셀 푸코의 자기의 실천이 자기로의 전향과 잘 들어맞는다고 말한다. 영혼의 훈련을 위해 자기 자신을 관찰하고 자기의 주인이 되어 자기 자신을 소유하면 자유로부터 자신의 행복을 발견할 수 있다. 그러나 고대 그리스인은 미학적인 것보다는 윤리적인 것을 일차적으로 생각하였다. 따라서 푸코가 말하는 실존의 미학은 스토아학파에 대한 정확한 규정이 되지 않을 수 있다. 스토아학파에게 본질적인 것으로 나타나는 삶의 양식은 '영혼의 평정' (ataraxia), '자족' (autarkeia), '자기 해방' 이다.

현대에 와서 고대 헬레니즘 철학에 대한 새로운 해석으로 아도는 '영적 훈련' (exercise spirituel)을 주창한다. 이것은 로욜라의 이냐시오(Ignatius of Loyola)가 말한 '영성수련' (exercitiorum spiritualium)이란 용어와 유사하다. 이냐시오에 의하면 영성수련은 우리의 양심을 검토하고 명상하고 관조하며, 말이나 마음으로 기도하고 그 외 다른 영혼의 활동들과 같은 모든 방식을 가리킨다고 말한다. 아도는 고대인들이 영적 훈련으로서 생각한 것은 바로 철학 그 자체라고 말한다. 스토아학파는 철학이 추상적 이론을 가르치거나 텍스트를 주석하는 것이 아니고 삶의 기술이라 생각했다. 그러나 철학이 단지 영혼을 위한 일련의 훈련이라는 주장은 철학의 이론적 측면의 역할을 망각한 것이라는 비판도 있다. 미셸 푸코의 자기의 테크놀로지 개념도 역시 이론(logos) 대신에 훈련(askesis)을 강조하는 것처럼 보인다.

너스바움(Martha Nussbaum)은 아도와 푸코가 고대 철학에서 말하는 이성과 이성적 논증의 본질적 역할을 모호하게 만들었다고 비판한다.[3] 고대 철학에서 이성의 역할을 강조하지 않는다면 고대의 철학적 삶의 방식과 고대의 종교적 삶의 방식 간의 차이를 구별할 수 없다는 것이다. 반대로 너스바움은 고대 철학과, 특히 스토이학파에서 이성적 논증의 역할을 제대로 강조하였지만 철학적 테크놀로지를 설명하는 데 문제가 있다. 스토아학파에게 철학은 이성적 논증(logos)과 실천적 훈련(askesis)이라는 두 요소를 포괄하는 기술(techne)이다. 이것은 우리의 삶의 방식을 변형시키는 것과 관련된 기술이다.

푸코가 고대 철학을 기술로서 특징짓는 것과 아도가 영적 훈련으로서 특징짓는 것은 동일시될 수 없다.[4] 푸코에게 고대철학은 훈련을 포함한 기술(techne)이다. 자아의 테크놀로지는 '자아의 훈련' 이라기보다는 '자아의 기술' 로 이해되어야 한다. 현대 철학에서 고대 그리스 철학의 실천적 기능을 주목하는 이유는 현대인의 정신적 불안과 관련하여 철학의 현실적 역할에 대해 반성적으로 성찰할 수 있기 때문이다. 현대에서 철학이 지나치게 논증이나 이론이나 원리 등을 강조하면서 역사적으로 망각되어 온 철학의 치유적 기능과 실천적 역할을 다시 고찰한다는 점에 의의가 있다.

참고문헌

강상진, “아우구스티누스와 고전적 덕론의 변형”, 『인간환경미래』 5호, 2010.

손병석, “무정념: 현인에 이르는 스토아적 이상과 실천”, 『철학연구』 80집, 2008.

_____, “소크라테스의 아크라시아 불가능성 논제에 대한 아리스토텔레스의 비판”, 『철학』 72집, 2002.

심상태, 『인간: 신학적 인간학 입문』, 서광사, 1988.

오유석, “내재주의인가 외재주의인가: 스토아학파와 아카데미아 회의주의의 논쟁을 중심으로”, 『동서철학연구』 58호, 2010.

_____, “스토아학파에 있어서 진리의 기준”, 『지중해지역연구』, 11권 2호, 2009.

유재경, “기독교 금욕주의 이념에 대한 영향사적 고찰”, 『한국기독교신학논총』 92권 1호, 2014.

이창우, “스토아철학에 있어서 자기 지각과 자기애”, 『철학사상』 17집, 2003

_____, “우리에게 달려 있는 것”, 『서양고전학연구』 31집, 2008.

이충범, “고대교회의 금욕주의에 관한 연구”, 『중세철학』 17권, 2011.

이태수, “세이렌과 무사”, 『서양고전학연구』 43권, 2011.

_____, “호메로스의 영웅주의 윤리관”, 『서양고전학연구』 50권, 2013.

_____, “회의주의적 태도의 일관성”, 『서양고전학연구』 31집, 2008.

임성철, “에피쿠로스 ‘쾌락’ 개념의 사상적 체계 및 토대”, 『철학연구』 34집, 고려대학교, 2007.

장경춘, “헬레니즘시대의 퓌론주의 논의: 에포케를 중심으로”, 『서양고전학연구』 28집, 2007.

장영란, “그리스종교축제의 원형적 특성과 탁월성의 훈련”, 『철학논총』 73권, 2013.

_____, “스토아학파의 영혼의 인식론적 훈련과 철학적 치유”,『해석학연구』 30집, 2012.

_____, “스토아학파의 영혼의 윤리적 훈련과 치유”, 『해석학연구』 36집, 2015.

_____, “헬레니즘 철학과 초기 그리스도교의 영혼 훈련”, 『존재론연구』 29집, 2012.

_____, “철학교과에서의 최선의 삶과 시민교육의 역할”, 『동서철학연구』 54호, 2009.

_____, 『아리스토텔레스의 인식론』, 서광사, 2000.

_____, 『영혼의 역사』, 글항아리, 2011.

전헌상, “아리스토텔레스와 에픽테토스의 윤리학에서의 프로하이레시스”, 『서양고전학연구』 43집, 2011.

황정욱, “동방기독교의 금욕주의 전통”, 『신학연구』 45집, 2004.

Adorno, T.W. & Horkheimer, M., *Dialektik der Aufklarung*, 『계몽의 변증법』, 김유동 옮김, 문학과지성사, 2001.

Amelie Oksenberg Rorty, “The Two Faces of Stoicism: Rousseau and Freud”, *Journal of the History of Philosophy*, 1996.

Apollodorus, *The Library*, tr. by Sir James George Frazer, Loeb Classical Library, Harvard University Press, 1921.

Aristotle, 『니코마코스 윤리학』, 이창우, 김재홍, 강상진 옮김, 이제이북스, 2006.

_____, 『자연학소론집』, 김진성 옮김, 이제이북스, 2015.

_____, 『정치학』, 천병희 옮김, 숲, 2010.

_____, *Aristotle De Anima*, by R.D. Hicks, Cambridge University Press, 1907.

_____, *Aristotle's De Anima*, trans D.W. Hamlyn, Clarendon Press, 1968.

_____, *Nicomachean Ethics*, tr. by Rackham, H., Loeb Classical Library, Harvard University Press, 1920.

_____, *Nicomachean Ethics*, trans. by Rackham H., Loeb Classical Library, Harvard University Press, 1934.

_____, *Parva Naturalia*, trans. by Hett. W. S., Loeb Classical Library, Harvard University Press, 1975.

_____, *Politica*, W.D. Ross(ed), Oxford, 1957.

_____, *De Generatione Animalium*, *Generation of Animals*, tr. A.L. Peck, Loeb Classical Library No.366, Harvard University Press, 1942.

Athanasius, *The Life of Antony*, Robert Gregg, tr. New York: Paulist Press, 1980.

_____, 『사막의 안토니우스』, 허성석 옮김, 분도출판사, 2015.

Augustinus, *De Civitate Dei*, Corpus Christianorum, Series Latina, 47-48.

_____, 『신국론』, 성염 역주, 분도출판사, 2004.

_____, *Confessiones*, Corpus Christianorum, Series Latina, 27.

_____, 『고백록』, 최민순 옮김, 바오로출판사, 1965.

_____, 『고백록』, 선한용 옮김, 대한기독교서회, 2003.

_____, 『고백록』, 강영계 역주, 서광사, 2014.

_____, 『고백록』, 성염 역주, 경세원, 2016.

_____, *De Beata Vita*, 『행복론』, 박주영 옮김, 누멘, 2010.

_____, *De Beata Vita*, 『행복한 삶』, 성염 역주, 분도, 2016.

_____, 『명상록』, 크레모나 편, 성염 옮김, 성바오로, 1991.

_____, *De Moribus Ecclesiae Catholicae et de Moribus Manichaeorum*, Corpus Scriptorum Ecclesiasticum 90.

Barker, *The Politics of Aristotle*, Clarendon Press, 1958.

Barnes, J.(ed), *The Cambridge Companion to Aristotle*, Cambridge, 1995.

Bonhoffer, A., *The Ethics of the Stoic Epictetus*, trans. W.O. Stephens, 1996.

Bostock, D., *Aristotle's Ethics*, Oxford, 2000.

Boter, *The Encheiridion of Epictetus and Its Three Christian Adaptations*, Leiden and Boston, 1999.

Boudouris, K.J., ed., *Hellenistic Philosophy*, 1, 2, Athens: International Center for Greek Philosophy, 1993/1994.

Burkert, W., *Ancient Mystery Cults*, Harvardb University Press, 1987.

_____, W., *Greek Religion*, Basil Blackwell, 1985.

_____, W., *Homo Necans*, University of California Press, 1983.

Cicero, *Academica*, tr. by Rackham, H., The Loeb Classical Library, Harvard University Press, 1933.

_____, *De Natura Deorum*, tr. by Rackham, H., Loeb Classical Library No.268, Harvard University Press, 1933.

_____, *De finibus bonorum et malorum*, tr. by Rackham, Loeb Classical Library, Harvard University Press, 1961.

_____, *Tusculanae Disputationes*, The Loeb Classical Library, Harvard University Press, 1927.

_____, 『투스쿨룸 대화』, 김남우 옮김, 아카넷, 2014.

Conford, F.M.,(1912), *From Religion to Philosophy: A Study n the Origins of Western Speculation*, 『종교에서 철학으로』, 남경희 옮김, 이화여대출판부, 1995.

Cooper, J. M., *Reason and Human Good in Aristotle*, Cambridge, 1977.

Cyril Bailey, M.A., *Epicuros, The Extant Remains with short critical apparatus*, translation and notes, Hyperion Press, 1926.

David Michael Levin, *Modernity & the Hegemony of Vision*, 『모더니티와 시각의 헤게모니』, 정성철, 백문임 옮김, 시각과 언어, 2004.

Diels, H. &W. Kranz (=[DK]), *Die Fragmente der Vorsokratiker*, Weidmann, 1952.

Diogenes Laertius, *Lives of Eminent Philosophers*, tr. by Hicks, R.D., Loeb Classical Library, Harvard University Press, 1925.

Dobbin, R., *Epictetus, Discourses Book I*, Clarendon, 1998.

Dodds, 『그리스인들과 비이성적인 것』, 주은영, 양호영 옮김, 까치, 2002.

_____, *The Greeks and the Irrational*. Berkeley: U of California P, 1963.

Elizabeth Clark, *Reading Renunciation: Asceticism and Scripture in Early Christianity*, Princeton University Press, 1999.

Epictetus, *The Discourses as Reported by Arrian, The Manual, and Fragments*, tr. Oldfather, W.A., Loeb Classical Library, Harvard University Press, 1928.

_____, 『왕보다 더 자유로운 삶: 에픽테토스의 엥케이리디온, 대화록 연구』, 김재홍 옮김/지음, 서광사, 2013.

_____, *Epictetus: The Discoures as Reported by Arrian, the Manual and Frag-*

ments, 2 vols. tr. Oldfather, W.A., Harvard University Press, 1925.

Epicuros, 『쾌락』, 오유석 옮김, 문학과 지성사, 1998.

_____, *The Essential Epicurus, Letters, Principal Doctrines, Vatican Sayings, and Fragments*, tr. by Eugene O' Connor, Prometheus Books, 1993.

Farnell, L.R., *Greek Hero Cults and Ideas of Immortality*. Oxford, 1921.

Foucault, Michel, *L'hermeneutique de sujet*, 『주체의 해석학』, 심세광 옮김, 동문선, 2001.

_____, *Technology of the Self*, eds. Luther H. Martin, Huck Gutman and Patrick H. Hutton, 『자기의 테크놀로지』, 이희원 옮김, 동문선, 1988.

_____, *The Use of Pleasure: The History of Sexuality*, vol. 2. 『성의 역사』 제2권, 문경자 외 옮김, 나남출판사, 1990.

Griswold, C.L., *Self-Knowledge in Plato's Phaedrus*, Yale University Press, 1968.

Hadot, P, *Qu'est que la Philosophie Antique?*, 『고대철학이란 무엇인가?』, 이세진 옮김, 이레, 2008.

_____, *Philosophy as a Way of Life: Spiritual Exercises from Socrates to Foucault*, trans. Chase, M., Blackwell, 1995.

Hahm, D.E., *The Origins of Stoic Cosmology*, Ohio University Press, 1977.

Hesiod, *Theogony*, edited with Prolegomena and Commentary by M.L. West, Clarendon Press, 1966.

_____, *Works and Days*, edited with Prolegomena and Commentary by M.L. West, Clarendon Press, 1978.

Homeros, 『오뒷세이아』, 천병희 옮김, 단국대출판부, 2000.

_____, 『일리아스』, 천병희 옮김, 단국대출판부, 1996.

_____, *Homeri Opera*, rec. T. W. Allen, I-II, Oxford, 1956.

_____, *Homeri Opera*, rec. T. W. Allen, III–IV, Oxford, 1917–1919.

_____, *Homeric Hymns, Homeric Apocrypha, Lives of Homer*, M.L. West, Loeb Classical Library, Harvard University Press, 2003.

_____, *Ilias*, A.T. Murray, Loeb Classical Library, 1971.

_____, *Ilias*, trans. by Murray, A.T., Loeb Classical Library, Harvard University Press, 1924–5.

_____, *Odysseia*, A.T. Murray, Loeb Classical Library, 1966.

_____, *Odysseia*, trans. by Murray, A.T., Loeb Classical Library, Harvard University Press, 1919.

Ierodiakonou, Katerina ed., *Topics in Stoic Philosophy*, Clarendon Press, 1999.

Ignacio de Loyola, *Ejercicios Espirituales*, 『로욜라의 성 이냐시오 영신수련』, 정제천 옮김, 이냐시오 영성연구소, 2016.

Inwood, B, *Ethics and Human action in Early Stoicism*, Oxford University Press, 1985.

_____, *The Cambridge Companion to the Stoics*, Cambridge University Press, 2003.

Inwood, B. & Gerson, L.P., *The Stoics Reader*, Hackett Publishing Company, 2008.

Irwin, T, *Aristotle, Nicomachean Ethics*, Cambridge, 1985.

_____, *Plato's Ethics*, Oxford, 1995.

_____, 'Stoic and Aristotelian Conceptions of Happiness', in *The Norms of Nature*, Schofield and Striker ed., 1986.

_____, ed., *Hellenistic Philosophy*, A Garland Series, 1995.

Kerenyi, Karl, *The Heroes of The Greeks*, Thames and Hudson, 1959.

_____, *The Gods of the Greeks*, Thames and Hudson, 1951.

Keyt, D., "Three Basic Theorems in Aristotle's Politics", *A Companion to Aristotle's Politics*, David Keyt & Fred D. Miller Jr.(ed), Basil Blackwell, 1991.

Kitto, H.D.F., *The Greeks*, 『그리스문화사』, 탐구당, 1984.

Kraut, T., *Aristotle on the Human Good*, Princeton, 1989.

Long, A., & Sedley, D.N., *The Hellenistic Philosophers*, Cambridge, 1987.

_____, *Epictetus: A Stoic and Socratic Guide to Life*, Oxford University Press, 2002.

_____, *Hellenistic Philosophy*, London, 1974.

_____, *Stoic Studies*, University of California, 1996.

Long, George, *The Discoures of Epictetus*, 2 vols., Chestnut Hill, MA: Eliborn Classics [reprint of the George Bell edition of 1903], 2003.

Lucretius, *On the Nature of things, translated, with Introduction and Notes*, by Martin Ferguson Smith, Hackett Publishing Company, 2001.

Marcus Aurelius, *Meditation*, tr. by C.R. Haines, Loeb Classical Library, Harvard University Press, 1916.

Matheson, P.e., *Epictetus: The Discoures and Manual*, 2vols. Clarendon Press, 1916.

McDowell, J., "The Role of Eudaimonia in Aristotle's Ethics", *Essays on Aristotle's Ethics*, A. O. Rorty (ed), University of California Press, 1980.

Nagy, Gregory, *The Ancient Greek Hero in 24 Hours*, 『고대 그리스의 영웅들』, 우진하 옮김, 시그마북스, 2015.

Nussbaum, M, *The Therapy of Desire: Theory and Practice in Hellenistic Ethics*, Princeton University Press, 1994.

_____, "Therapeutic arguments: Epicuros and Aristotole", in M. Schofield and G. Striker(ed.), *The Norms of Nature*, Cambridge, 1986.

_____, *Upheavals of Thought: A Theory of the Emotions*, Cambridge and New York, 1993/1996.

_____, *Love's Knowledge: Essays on Philosophy and Literature*, Oxford, 1990.

_____ ed., *The Poetics of Therapy: Hellenistic in It's Rhetorical and Literary Context*, Apeiron 23, no 4, 1990.

_____, *The Fragility of Goodness: Luck and Ethics in Greek Tragedy and Philosophy*, Cambridge, 1986.

O'Keefe, T., *Epicurus on Freedom*, Cambridge, 2005.

Oldfather, W.A., *Epictetus: The Discoures as Reported by Arrian, the Manual and Fragments*, 2 vols. Harvard University Press, 1925.

Pembroke, S.G., "Oikeiosis", A.A. Long ed., *Problems in Stoicism*, 1971.

Philip Sheldrake, *Spiritual & History*, Maryknoll, 1998.

Plato, 『국가』, 박종현 역주, 서광사, 1997.

_____, 『법률』, 박종현 역주, 서광사, 2009.

_____, 『알키비아데스』 I II, 김주일, 정준영 옮김, 이제이북스, 2007.

_____, 『에우튀데모스』, 김주일 옮김, 이제이북스, 2008.

_____, 『에우티프론, 소크라테스 변론, 크리톤, 파이돈』, 박종현 역주, 서광사, 2003.

_____, 『파이드로스』, 조대호 역해, 문예출판사, 2008.

_____, 『향연』, 박희영 옮김, 문학과 지성사, 2003.

_____, *Alkibiades*, ed. by Nicholas Denyer, Cambridge University Press, 2001.

_____, *Euthyphro, Apology, Crito, Phaedo, Phaedrus*, trans. by Fowler, H.N., Loeb Classical Library, Harvard University Press, 1999.

_____, *Laches, Protagoras, Meno, Euthydemus*, tr. by W.R.M. Lamb, Loeb Classical Library, Harvard University Press, 1977.

_____, *Laws*, Books 1-6, 7-12, Loeb Classical Library No. 187, 192 tr. by R. G. Bury, 1926.

_____, *Lysis, Symposium, Gorgias*, tr. by W.R.M. Lamb, The Loeb Classical Library, Harvard University Press, 1925.

_____, *Plato: Laches, Protagoras, Meno, Euthydemos*, trans. by W.R.M. Lamb, Loeb Classical Library, Harvard University Press, 1977.

_____, *Plato's Phaedo*, Hackforth, R(trans), Cambridge University Press, 1955.

_____, *Plato's Phaedo*, Hackforth, R(trans), Cambridge University Press, 1955.

_____, *Plato's Phaedrus*, Cambridge University Press, 1952.

_____, *Plato's Phaedrus*, Hackforth, R(trans), Cambridge University Press, 1972.

_____, *Politeia*, tr. by Paul Shorey, The Loeb Classical Library, Harvard University Press, 1930, 1935.

_____, *The Laws*, No. 187, 192, tr. by R.G. Bury, The Loeb Classical Library, Harvard University Press, 1926.

_____, *The Republic I, II*, tr. by Paul Shory, The Loeb Classical Library, Harvard University Press, 1930, 1935.

_____, *The Republic of Plato*, James Adam(ed), Cambridge University Press, 1902.

Plutarch, *Moralia* vol. I, tr. by Frank Cole Babbitt, The Loeb Classical Library, Harvard University Press, 1927.

_____, *Moralia*, 『모랄리아』, 허승일 옮김, 서울대학교 출판문화원, 2012.

_____, *Moralia*, 『수다에 관하여』, 천병희 옮김, 숲, 2010.

Prior, William J., *Virtue and Knowledge*, 『덕과 지식, 그리고 행복』, 오지은 옮김, 서광사, 2010.

Rees, E. *The Iliad of Homer*. New York: Oxford UP, 1991.

Regnell, Hans, *Ancient Views on the Nature of Life*, Berlingska Boktryckerict, 1967.

Richard Sorabji, "Epictetus on proairesis and Self", from Theodore Scaltsas ed. *The Philosophy of Epictetus*, 2007.

Robert J. Rabel, "Diseases of Soul in Stoic Psychology", *Greek, Roman and Byzantine Studies*, Winter 1981.

Rorty, A.O., "The Place of Contemplation in Aristotle's Nicomachean Ethics", in *Essays on Aristotle's Ethics*, University of California Press, 1980.

Ross, D., *Aristotle*, London, 1923.

Rutherford, R.B., *The Meditations of Marcus Aurelius: A Study*, Clarendon Press, 1989.

Scaltas T. & Mason S.A., *The Philosophy of Epictetus*, Oxford University Press, 2007.

Schein, Seth L., *The Mortal Hero*, University of California Press, 1984.

Seddon, Keith, *Epictetus' Handbook and the Tablet of Cebes*, Routledge, 2005.

_____, 'The Stoics on why we should strive to be free of the passion', *Practical Philosophy*, 3-3. 2000.

Sedly D., "The Stoic-Platoist Debate on kathekonta" in *Topics in Stoic Philos-*

ophy, Ierodiakonou, Katerina ed., Clarendon Press, 1999.

Sellas, J., *The Art of Living*, Ashgate Publishing, 2003.

Seneca, *Moral Essays* 1, 2, tr. by John W. Basore, The Loeb Classical Library, Harvard University Press, 1928/ 1932.

_____, *Moral letters to Lucilius* (Epistulae morales ad Lucilium), translated by Richard Mott Gummere, A Loeb Classical Library, Harvard University Press, 1917.

Sextus Empiricus, *Adversus Mathematicos*, (=SE. M) ed. by Bury R. G, *Against the Logicians*, The Loeb Classical Library, Harvard University Press, 1967.

_____, *Pyrrhoneae Hypotyposes*, (=SE. PH) ed. by Bury, R.G, *Outline of Pyrrhonism*, The Loeb Classical Library, Harvard University Press, 1976.

Sinkewicz, Robert E. *Evagrius of Ponticus: The Greek Ascetic Corpus*, Oxford University Press, 2003.

Snell, Bruno, *Die Entdeckung des Geistes, The Discovery of the Mind*, Trans. T. G. Rosenmeyer, Cambridge University Press, 『정신의 발견: 서구적 사유의 그리스적 기원』, 김재홍 옮김, 까치, 1994.

Sophocles, *Antigone*, ed, with a Commentary by R. Jebb, Cambridge University Press, 1959.

_____, *Oedipus Colonus*, ed. with Introduction and Notes, by R. Jebb, Cambridge University Press, 1955.

_____, *Oedipus Tyrannus*, ed. with Introduction and Notes, by R. Jebb, Cambridge University Press, 1958.

_____, 『소포클레스 비극』, 천병희 옮김, 단국대출판부, 1998.

Stephens, W.O., *Stoic Ethics: Epictetus and Happiness as Freedom*, Continuum, 2007.

Striker, G.,V., "Following Nature", *Oxford Studies in Ancient Philosophy* 10, 1991.

_____, *Essays on Hellenistic Epistemology and Ethics*, Cambridge University Press, 1996.

_____, "The Role of Oikeiosis in Stoic Ethics", *Oxford Studies in ancient Philosophy* 1, 1983.

Theocritus, *Theocritus. The Greek text with translation and commentary* by A.S.F. Gow 2nd ed. Cambridge University Press, 1952.

Theodore Scaltsas & Andrew S. Mason ed. *The Philosophy of Epictetus*, Oxford, University Press, 2007.

Warren, J.(ed), *The Cambridge Companion to Epicurianism*, Cambridge University Press, 2009.

Warren, J., *Facing Death: Epicurus and his Critics, Clarendon Press*, Oxford, 2005.

Watson, Gerald, *The Stoic Theory of Knowledge*, The Queen's University, 1966.

White, Nichoas P., "The Basis of Stoic Ethics", *Havard Studies in Classical Philology* 83, 1979.

Wimbush, Vincent L. and Valantasis, Richard. eds. *Asceticism*, Oxford University Press, 2002.

Wolf, H.W., *Anthropologie des Alten Testaments*, 『구약성서의 인간학』, 문희석 옮김, 분도출판사, 1976.

주

들어가는 말

1 '좋음'의 개념에 대한 설명은 다음 논문에서 인용했다. 장영란, "아리스토텔레스와 공자의 명과 덕 개념", 『동방학』 제28권, 2013, p158.

2 Snell, Bruno, *Die Entdeckung des Geistes*, *The Discovery of the Mind*, Trans. T. G. Rosenmeyer, Cambridge University Press, 『정신의 발견: 서구적 사유의 그리스적 기원』, 김재홍 옮김, 까치, 1994, 254쪽 참조.

3 Snell, Bruno, 『정신의 발견』, 257쪽 이하 참조.

4 장영란, 같은 논문, 171-172쪽 참조하시오.

5 서구 철학에서 고대 그리스의 아레테(arete) 개념이 기능의 맥락을 벗어나 선악의 맥락에서 미덕을 의미하는 비르투스(virtus)개념으로 나아가는 중요한 계기가 되는 인물은 아우구스티누스라 할 수 있다. 강상진, "아우구스티누스와 고전적 덕론의 변형", 『인간 환경 미래』 제5호, 2010, 136쪽 참조.

6 『설문해자』「悳」. "外得於人 內得於己也 從直從心."

7 『釋名』. "德 得也. 得事宜也."

I. 영웅적 삶과 고난의 극복

제1장 좋은 삶과 탁월성의 문제

1 Herodotus, *Historia*, 8.138.

2 이태수, “호메로스의 영웅주의 윤리관”, 『서양고전학연구』제50권, 2013, 10쪽. “꼭 도덕적인 것이 아니더라도 인간의 훌륭함이 드러날 수 있는 영역에서 발휘되는 역량 일반”을 의미하는 말로 사용되었다.

제2장 탁월성의 개념과 구분: 신체의 탁월성과 영혼의 탁월성

1 Burkert, W., *Greek Religion*, Basil Blackwell, 1985, p. 203.

2 Burkert, W., *Greek Religion*, p.203.

3 Burkert, W., *Greek Religion*, p.204.

4 Farnell, L.R., *Greek Hero Cults and Ideas of Immortality*. Oxford, 1921, p.19.

5 Homer, *Ilias*, 12.23.

6 Hesiod, *ergai kai hemerai*, 159.

7 Plato, *Cratylos*, 398c.

8 결코 상처를 입지 않는 네메아의 사자 가죽은 그가 외적 요인들에 의해 상처받지 않거나 죽지 않을 것이라는 사실을 가리킨다. 헤라클레스가 늘 들고 다니는 몽둥이는 헬리콘 땅에서 뿌리 채 뽑아낸 야생 올리브 나무로 만들었다고 하는데 강력한 힘을 상징한다. *Theocritus*. 25.207.

9 cf. Apollodoros, *Bibliotheke*, 2.5,1-12

10 Pausanias, *Periegeta*, 8. 22. 4. *헤라클레스의 모험들 중에는 디오메데스의 말 외에도 스튐팔로스의 새들이 인간을 잡아먹었다는 전승이 있다.

11 Kerenyi, Karl, *The Heroes of The Greeks*, Thames and Hudson, 1959, p.146; p.150.

12 Pindaros. *Nemean Odes*. 3.22.

13 cf. Burkert, W., *Greek Religion*, p.211.

14 Apollodorus, *Bibliotheke*, 2.7.7.

15 Kerenyi, Karl, ibid., p.317. 아킬레우스(Achilleus)라는 이름은 강의 신들의 이름, 즉 아켈로오스(Acheloos)와 아켈레스(Acheles)와 같이 심연 속에 사는 존재들과 아주 밀접하게 연관된다.

16 Homeros, *Ilias*,1.84; 1.196.

17 Homeros, *Ilias*, 3.166-233.

18 Homeros, *Ilias*, 2.216-219.

19 Xenophon, *Symposion*, 4.9.

20 Plato, *Symposion*, 215b, 216d.

21 Kerenyi, Karl, *The Gods of the Greeks*, Thames and Hudson, 1951, p.178.

22 Homeros, *Ilias*, 7.219.

23 Homeros, *Ilias*, 8.331.

24 Homeros, *Ilias*, 17.279.

25 Homeros, *Ilias*, 7.43-273.

26 Apollodoros, *Bibliotheke*, Ep.5.4.

27 Homeros, *Odysseia*, 11.547.

28 Prior, William J., *Virtue and Knowledge*, 『덕과 지식, 그리고 행복』, 오지은 옮김, 서광사, 2010, p.40 참조.

제3장 영웅적 탁월성의 종류: 용기와 실천적 지혜

1 Plato, *Politeia*, 580dff.

2 Aristotle, *Ethica Nicomachea*, 1103a3ff.

3 Homeros, *Ilias*, 1.207-214.

4 Homeros, *Odysseia*, 4.280.

5 Homeros, *Odysseia*, 20.17-19.

6 Aristotle, *Ethica Nicomachea*, 1115a22.

7 Plato, *Politeia*, 386a.

8 Plato, *Laches*, 194e-195a.

9 Homeros, *Ilias*, 12.322-328.

10 Homeros, *Ilias*, 11.404-410.

11 Homeros, *Ilias*, 11.832.

12 Homeros, *Ilias*, 9.185ff.

13 Homeros, *Ilias*, 3.192-224.

14 Homeros, *Odysseia*, 8.186ff.

15 Homeros, *Ilias*, 1.311, 1.440, 2.173, 3,200, 3.216 etc.

16 Aristotle, *Ethica Nicomachea*, 1140a25,19.

17 Prior, 『덕과 지식, 그리고 행복』, 오지은 옮김, p.46.

18 Homeros, *Odysseia*, 4.271-89.

19 Homeros, *Odysseia*, 9.287ff.

20 Homeros, *Odysseia*, 20.6ff.

21 Prior, 『덕과 지식, 그리고 행복』, 오지은 옮김, 44쪽. 프라이어는 오뒷세우스의 실천적 지혜에서 진실성이라는 도덕적 덕을 찾기는 어려운 것이 사실이라고 한다.

제4장 영웅적 탁월성의 목표와 조건

1 Schein, Seth L., *The Mortal Hero*, University of California Press, 1984, p71.

2 Homeros, *Ilias*, 9.318-322.

3 Schein, Seth L., ibid., p.68.

4 Prior, 『덕과 지식, 그리고 행복』, 오지은 옮김, 34쪽.

5 Sophocles, *Oedipus epi Kolonoi*, 1211-1223.

6 Homeros, *Ilias*, 24.527-530.

7 Homeros, *Ilias*, 9.410-416.

8 Nagy, Gregory, *The Ancient Greek Hero in 24 Hours*, 『고대 그리스의 영웅들』, 우진하 옮김, 시그마북스, 2015, 71쪽 참조.

9 Schein, Seth L., ibid., p.71.

10 Homeros, *Ilias*, 19.91-94.

11 Homeros, *Ilias*, 19.97ff.

12 Nagy, Gregory, 『고대 그리스의 영웅들』, 466쪽.

13 Homeros, *Odysseia*,1.1-6.

14 장영란, "그리스종교축제의 원형적 특성과 탁월성의 훈련", 『철학논총』 제73권, 2013, 284이하.

15 cf. Nietzsche, *Gesammelte Werke II*, 1920, p.369-79; 382-6: Burkert, *Greek Religion*, Basil Blackwell, 1985, p.123.

16 고대 그리스 당대에 가장 유명한 대회가 4개가 있었는데 올림피아 경기(the Olympia), 퓌티아 경기(Pythia), 이스트미아 경기(the Isthmia), 네메아 경기(the Nemea) 등이 있고, 현재는 근대에 부활한 올림피아 경기가 존속되고 있다.

17 Snell, Bruno, 『정신의 발견』, 258쪽 참조.

18 Aristotle, *Ethica Nicomachea*, 1103a24-26.

19 Aristotle, *Ethica Nicomachea*, 1103b 24-25.

II. 삶의 기술과 영혼의 훈련

제1장 철학의 목표로서의 좋은 삶

1 Plato, *Euthydemos*, 278c.

2 Plato, *Politeia*, 328e ff.

3 『변론』에서도 소크라테스는 아테네 시민들이 돈이나 명예나 권력 등에만 관심이 있고 정작 가장 중요한 자신의 영혼을 돌보는 데에는 관심이 없다고 한다. Plato, *Apologia*, 29d-e.

4 Plato, *Phaedros*, 253d-257b.

5 Plato, *Politeia*, 588c.

6 Plato, *Gorgias*, 504a.

제2장 영혼의 탁월성과 최고선

1 Aristotle, *Ethica Nicomachea*, 1094a.

2 Aristotle, *Ethica Nicomachea*, 1098a.

3 Aristotle, *Ethica Nicomachea*, 1097a.

4 Aristotle, *Ethica Nicomachea*, 1097b ff.

5 Aristotle, *Ethica Nicomachea*, 1177b.

6 Aristotle, *Ethica Nicomachea*, 1094a.

7 Aristotle, *Ethica Nicomachea*, 1095a.

8 Plato, *Euthydemos*, 278e ff.

9 Plato, *Euthydemos*, 279a-c.

10 Plato, *Nomoi*, 631b ff.

11 Aristotle, *Ethica Nicomachea*, 1098b.

12 Plato, *Euthydemos*, 280d.

13 Aristotle, *Ethica Nicomachea*, 1099b.

14 Aristotle, *Ethica Nicomachea*, 1099b.

15 Aristotle, *Ethica Nicomachea*, 1100b.

16 Aristotle, *Ethica Nicomachea*, 1103a.

17 Aristotle, *Ethica Nicomachea*, 1103b.

제3장 다양한 탁월성의 종류

1 Plato, *Politeia*, 436a10ff.

2 Plato, *Politeia*, 581b.

3 Plato, *Politeia*, 441a.

4 Plato, *Politeia*, 581b.

5 Plato, *Politeia*, 428a ff.

6 Plato, *Euthydemos*, 281a-b.

7 Plato, *Euthydemos*, 281d-e.

8 Plato, *Protagoras*, 360d.

9 Aristotle, *Ethica Nicomachea*, 1102a ff.

10 Aristotle, *Ethica Nicomachea*, 1103a.

11 Aristotle, *Ethica Nicomachea*, 1103a.

12 Aristotle, *Ethica Nicomachea*, 1104b.

13 DK 22 B85.

14 Aristotle, *Ethica Nicomachea*, 1106a.

15 Aristotle, *Ethica Nicomachea*, 1106b.

16 Aristotle, *Ethica Nicomachea*, 1139a.

17 Aristotle, *Ethica Nicomachea*, 1112a.

18 Aristotle, *Ethica Nicomachea*, 1140a.

19 Aristotle, *Ethica Nicomachea*, 1141a.

20 Aristotle, *Ethica Nicomachea*, 1144a.

21 Aristotle, *Ethica Nicomachea*, 1144b.

22 Aristotle, *Ethica Nicomachea*, 1100b.

23 Evagrius Ponticus, *Praktikos*, 77.

24 아우구스티누스, 『명상록』, 크레모나 편, 성염 옮김, 바오로의 딸, 1991, 45쪽 참조.

25 cf. Augustinus, *De Moribus Ecclesiae Catholicae et de Moribus Manichaeorum, Of the Morals the Catholic Church and the Morals of the Manichaeans*, 1.15.25.

26 아우구스티누스, 『행복론』 2.11.

27 아우구스티누스, 『신국』 19권 4.1장 2147-2149.

제4장 영혼 훈련의 주요 특징: 습관화와 익숙화

1 Epicuros, *Letter to Menoeceus*, 127.

2 Epictetus, *Encheiridion*, 1.2.

3 Epictetus, *Encheiridion*, 1.3.

4 cf. Plato, *Protagoras*, 351b-358d.

5 Epictetus, *Diatribai*, 1.26.3.

6 Aristotle, *Ethica Nicomachea*, 1103b.

7 Plato, *Politeia*, 395c.

8 Aristotle, *Ethica Nicomachea*, 1103a.

9 Aristotle, *Ethica Nicomachea*, 1105a.

10 Clement of Alexandria, *Stromata*, 7.16.

11 Aristotle, *Ethica Nicomachea*, 1103a17-18.

12 Musonius Rufus, fr.6.

13 Epictetus, *Encheiridion*, 10.

14 Epictetus, *Encheiridion*, 46.

III. 인식의 훈련과 치유

제1장 헬레니즘 철학의 목표와 철학적 훈련

1 Plato, *Phaedros*, 244a-245a.

2 Plato, *Alkibiades*, 131a-132b.

3 Epicuros, *Letter to Menoeceus*, 131.

4 Epicuros, *Letter to Menoeceus*, 132.

5 Epicuros, *Letter to Menoeceus*, 132.

6 Epicuros, *Kyriai doxai*, 3.

7 Epicuros, *Letter to Menoeceus*, 128.

8 Epicuros, *Kyriai doxai*, 1.

9 Striker, G., "Ataraxia: Happiness as Tranquility", *Essays on Hellenistic Epistemology and Ethics*, Cambridge University Press, 1996,

10 Diogens Laertius, 7.110.

제2장 인식 훈련의 원리

1 장영란, 『아리스토텔레스의 인식론』, 서광사, 2000. 판타시아에 대한 설명은 제5장 '판타시아'에 상세히 나와 있으니 참조하시오.

2 Ross, *Aristotle*, pp.142-143.

3 D. W. Hamlyn, *Aristotle's De Anima*, p.129 &134.

4 감각은 감각 대상이 사라지면 더 이상 지각할 수 없지만, 판타시아는 감각 대상이 사라지더라도 나타난다. "[판타시아는] 눈을 감았을 때도 나타난다"(*De Anima*, 428a15-16). 판타시아는 우리가 눈을 감았을 때에도 일어날 수 있지만, 감각은 이러한 경우 제 기능을 하지 못한다. 왜냐하면 "감각 대상들이 사라질 때에도 감각 기관 안에 감각들(aistheseis)과 판타시아는 남아 있기 때문이다"(*De Anima*,

425b24-25). 즉 감각은 감각 대상이 사라지면 더 이상 작용하지 않지만, 판타시아는 감각 기관 속에 머물러 다시 작용할 수 있다. 이것은 판타시아는 감각과 비교해서 더 오래 지속된다는 것을 보여 준다. 즉 감각-지각이 더 이상 이루어지지 않을지라도 판타시아가 자신의 기능을 할 수 있다는 것은 판타시아의 지속과 보존의 특성을 드러내 준다.

5 아리스토텔레스의 판타시아에 관한 논의는 다음을 참조하시오. 장영란, 『아리스토텔레스의 인식론』, 서광사, 2000; 장영란, "아리스토텔레스의 판타시아 개념의 분석과 비판", 『철학연구』 65, 2004.

6 스토아학파와 관련하여 판타시아는 '표상'으로 번역했다. 아래에서 언급되지만 아리스토텔레스는 판타시아의 종류를 두 가지로 구별하지만 스토아학파의 크뤼시포스도 감각적 표상과 비-감각적 표상으로 구별하기 때문이다. 그렇지만 맥락에 따라 전자의 경우에는 감각 표상으로 직접 번역하기도 했다.

7 cf. Aetius 4.12.1-5.

8 디오게네스 라에르티우스는 마그네시아의 디오클레스(Diocles)의 주장으로 소개한다. cf. Diogenes Laertius, *Lives of Eminent Philosophers*, tr. by Hicks, R.D., Loeb Classical Library, Harvard University Press, 1925. 7.50.

9 인식 표상이 허상과 어떻게 다른지는 다음 논문에 자세히 소개되고 있다. 오유석, "스토아학파에 있어서 진리의 기준", 『지중해연구』 제11집 2호, 2009, 55-60면.

10 Diogenes Laertius, 7.46. 스토아학파의 이 구절에 대한 더 상세한 해석은 다음의 논문을 참조하시오. 오유석, "내재주의인가 외재주의인가: 스토아학파와 아카데미아 회의주의의 논쟁을 중심으로", 『동서철학연구』 제58호, 2010, 383-389쪽.

11 Cicero, *Academica*, II.22.

12 장영란, 『아리스토텔레스의 인식론』, 서광사, 2000, 203-248쪽; 아리스토텔레스의 『영혼론』에서 직접 찾을 수 있는 구절은 다음과 같다. "욕구 능력은 판타시아 없이는 존재하지 않는다. 모든 판타시아는 추론적이든지 감각적이다"(433b29-

30). "지각적 판타시아(aisthetike phantasia)는 모든 다른 동물들 속에 들어 있으며, 심사숙고적 판타시아(bouleutike phantasia)는 추론 능력을 가진 동물들 속에 들어 있다" (434a5-6)

13 Diogenes Laertius, 7.46.

14 Aetius, 4.11.1.

15 kataleptike phantasia에 대한 번역과 관련하여 국내에 나와 있는 논문들이 각기 다르다. 기존 번역들 중에 '지적 인상' (이창대)도 있으나 아예 번역을 하지 않고 쓰는 경우도 있다. 오유석은 '인식' 또는 '(대상) 파악적' 표상이라 해석했지만 논문에서는 번역하지 않고 음역으로 사용했다. 여기서는 kataleptike phantasia를 '인식 표상' 이라 하고 katalepsis는 '인식' 라고 번역하고자 한다. 이미 본문에서 언급했지만 아리스토텔레스가 판타시아의 기능을 설명하면서 인식의 기초로서의 판타시아와 상상의 기초로서의 판타시아의 기능들을 구분했고 스토아학파에서도 감각과 관련된 판타시아와 이성과 관련된 판타시아를 구분하기 때문에 감각-자료와 사유-자료를 매개하는 인식 자료로서의 판타시아를 '인식 표상' 이라고 부르는 데에는 무리가 없다고 생각한다. 물론 '인식' 이라는 표현이 광범위하게 사용되기 때문에 오해의 소지가 없진 않지만 어차피 번역어를 선택해야 하는 상황에서 차선책이라 생각한다.

16 Diogenes Laertius, 7.54.

17 스토아학파의 진리 기준의 문제에 대해 기존 학계에서 여러 가지 논란들이 있었다. 이와 관련된 논문들로 국내에서는 오유석이 이 문제에 대해 논점을 체계적으로 정리한 바가 있다. 오유석, "스토아학파에 있어서 진리의 기준", 『지중해지역연구』, 제11권 2호, 2009 ; 오유석, "내재주의인가, 외재주의인가", 『동서철학연구』 58, 2010.

18 스토아학파의 진리의 단초가 katalepsis이냐 kataleptike phantasia이냐는 그 이후의 논의에서도 문제가 되지 않았다. 스토아학파의 진리 기준을 비판하는 회의주의

의 섹스투스 엠피리쿠스도 스토아학파의 진리 기준을 말할 때 양자 모두 사용하고 있다. cf. Sextus Empiricus, *Adversus Mathematicos*, VII 151, VII 227.

19 Sextus Empiricus, *Adversus Mathematicos*, VII 253-4.

20 Sextus Empiricus, *Adversus Mathematicos*, VII 257-8.

21 아카데미학파의 회의주의에 관해서는 다음을 참조하시오. 오유석, "내재주의인가 외재주의인가: 스토아학파와 아카데미아 회의주의의 논쟁을 중심으로", 『동서철학연구』 제58호, 2010. 퓌론주의의 회의주의에 관해서는 다음 두 논문을 참조하시오. 장경춘, "헬레니즘 시대의 퓌론주의 논의: 에포케를 중심으로", 『서양고전학연구』 28집, 2007; 이태수, "회의주의적 태도의 일관성", 『서양고전학연구』 31집, 2008.

22 Sextus Empiricus, *Pyrrhoneae Hypotyposes*, 1.9.10.

23 Eusebius, *Praeparatio Evangelica*, XIV. 18.3.

24 Sextus Empiricus, *Pyrrhoneae Hypotyposes*, 1.9.10.

25 Cicero, *Academica*, II 31.

제3장 인식 치유의 원리

1 Plato, *Sophistes*, 264a-b.

2 Aristotle, *De Anima*, 428a12-15.

3 Nussbaum, M. (1978), "The Role of Phantasia in Aristotle's explanation of action", in Aristotle's *De Motu Animalium*, Princeton University Press; Schofield, M. (1978), "Aristotle on the Imagination", from *Aristotle on mind and the senses*, G. E. R. Lloyd / G. E. L. Owen(ed), Cambridge University Press. p.109. 너스바움이나 스코필드는 판타시아에 해석적 활동 능력을 부여하는 것은 자연스러운 일이라고 말한다.

4 Epictetus, *Diatribai*. 2.16.22.

5 Epictetus, *Encheiridion*, 5.

6 Epictetus, *Encheiridion*, 20.

7 Marcus Aurelius, *Ta eis heauton*, 8.47.

8 Aristotle, *De Anima*, 427b 15-16.

9 Marcus Aurelius, *Ta eis heauton*, 8.49.

10 Marcus Aurelius, *Ta eis heauton*, 12.8.

11 Plato, *Cratylos*, 402a.

12 Marcus Aurelius, *Ta eis heauton*, 9.19.

13 Marcus Aurelius, *Ta eis heauton*, 5.23.

14 Marcus Aurelius, *Ta eis heauton*, 4.14.

15 Marcus Aurelius, *Ta eis heauton*, 9.32.

16 Marcus Aurelius, *Ta eis heauton*, 12.32.

17 Plato, *Phaedros*, 246a-248e.

18 Hadot, *Philosophy as a Way of Life: Spiritual Exercises from Socrates to Foucault*, trans. Chase, M., Blackwell, 1995, p.242.

19 Diogenes Laertius, 9.7; DK 22B45.

20 Plato, *Theaetetos*, 173e.

21 Plato, *Politeia*, 486a.

22 Hadot, *Philosophy as a Way of Life*, p.242-243.

23 Marcus Aurelius, *Ta eis heauton*, 7.47-48.

24 Marcus Aurelius, *Ta eis heauton*, 9.30.

25 Hadot, *Qu'est que la Philosophie Antique?*, 『고대철학이란 무엇인가?』, 이세진 옮김, 이레, 2008, 280쪽 참조.

26 Epictetos, *Enkeiridion* 46.

IV. 행동의 훈련과 치유

1 Cicero, *Tusculanae Disputationes*, 3.3.4.

2 Cicero, *Tusculanae Disputationes*, 3.3.6.

제1장 행동의 판단 기준과 의지

1 Epictetus, *Enkeiridion*, 1.1

2 Epictetus, *Enkeiridion*, 1.3.

3 Scaltas T. & Mason S.A., *The Philosophy of Epictetus*, Oxford Univeesity Press, 2007, p.90. 아리스토텔레스와의 연관성에 대해 구체적인 설명이 제시되어 있다. 스칼타스는 아리스토텔레스의 프로하이레시스가 당시 정책적 결정과의 연관성이 있다는 사실을 지적하고 있다.

4 Aristotle, *Ethica Nicomachea*, 1110a16.

5 Aristotle, *Ethica Nicomachea*, 1111b30.

6 Aristotle, *Ethica Nicomachea*, 1113b20-21 참조.

7 Aristotle, *Ethica Nicomachea*, 1113b6ff.

8 Epictetus, *Enkeiridion*, 1.2.

9 Epictetus, *Diatribai*, 1.12.9. 에픽테토스에게 프로하이레시스는 '합리적 선택'의 의미뿐만 아니라 '의지'(volition), 나아가 '자아'(self)의 의미로도 사용된다.

10 Epictetus, *Diatribai*, 4.1.129.

11 Epictetus, *Enkeiridion*, 1.3.

12 Epictetus, *Enkeiridion*, 1.5.

제2장 행동의 훈련 원리

1 Epictetus, *Diatribai*. 3.2.1-2.

2 Diogenes Laertius 7.39; 디오게네스 라에르티우스는 스토아 철학 이론의 세 부분, 즉 자연학적(physikon) 부분, 윤리학적(ethikon) 부분, 논리학적(logikon) 부분으로 구별한다. 스토아학파의 세 가지 철학적 담론들과 관련시킨다면 욕구의 훈련은 자연학, 충동의 훈련은 윤리학, 판단과 동의의 훈련은 논리학을 상응시킬 수 있다: Bonhoffer, A., *The Ethics of the Stoic Epictetus*, trans. W.O. Stephens, 1996, pp.78-85.

3 Dobbin, R., "prohairesis in Epictetus", *Ancient Philosophy*, 11, 1991, p94: Barns, J., *Logic and the Imperial Stoa*, Philosophia Antiqua 75, Leiden: Brill, 1997.

4 Diogenes Laertius, 7.85.

5 그리스어 oikeiosis는 '어떤 것을 자신의 것으로 취하는 과정, 또는 그것을 자신의 것으로 만드는 것'이며, 라틴어로 키케로는 conciliatio 또는 commendatio를 사용한다. 여기서는 적절한 번역을 찾을 수 없어 '자기화'라고 쓰고 있다. 국내의 스토아의 '자기화'에 대한 논의는 다음 논문을 참조하시오. 이창우, "스토아철학에 있어서 자기 지각과 자기애", 『철학사상』 17집, 2003, 217-220면.

6 Pembroke, S.G., "Oikeiosis", A.A. Long ed., *Problems in Stoicism*, 1971, pp.115-116.

7 White, Nichoas P., "The Basis of Stoic Ethics", *Harvard Studies in Classical Philology* 83, 1979, p. 146.

8 Cicero, *De Finibus Bonorum et Malorum*, 3.16.

9 Aristotle, *De Motu Animalium*, 701a34.

10 Epictetus, *Diatribai*, 3.3.1.

11 Epictetus, *Encheiridion*, 8.

12 Epictetus, *Diatribai*, 2.10.2-3.

13 Diogenes Laertius 7.87.

14 Marcus Aurelius, *Ta eis heauton*, 11.9.

15 Hadot, P.,『고대철학이란 무엇인가?』, 176쪽.

16 Diogenes Laertius, 7.108.

17 Diogenes Laertius, 7.130.

18 Marcus Aurelius, *Ta eis heauton*, 8.27.

19 Marcus Aurelius, *Ta eis heauton*, 11.16.

20 Epictetus, *Encheiridion*, 30.

21 Epictetus, *Encheiridion*, 33.12.

22 Epictetus, *Diatribai*, 4.12.15-16.

23 '적합한 행동'에 대한 스토아학파의 역사적 논의와 헬레니즘 시대의 플라톤학파와의 논쟁은 다음을 참고하시오. Sedly D., "The Stoic-Platoist Debate on kathekonta" in *Topics in Stoic Philosophy*, Ierodiakonou, Katerina ed., Clarendon Press, 1999.

24 Diogenes Laertius, 7.107.

25 Diogenes Laertius, 31.1.

26 Marcus Aurelius, *Ta eis heauton*, 2.11.

27 Epictetus, *Encheiridion*, 11.

28 Marcus Aurelius, *Ta eis heauton*, 2.11.

29 Marcus Aurelius, *Ta eis heauton*, 10.3.

제3장 행동의 치유 원리

1 Marcus Aurelius, *Ta eis heauton*, 3.16.2.

2 Epictetus, *Diatribai*, 2.18.12.

3 Hadot, P., *Philosophy as a Way of Life*, p.85.

4 Epictetus, *Diatribai*, 4.6.34-5.

5 Marcus Aurelius, *Ta eis heauton*, 2.1.

6 Seneca, *De Ira*, 3.36.

7 Seneca, *Epistulae*, 28.10.

8 Arisoteles, *Physica*, 219b1-2.

9 Seneca, *De Brevitate Vitae*, 9.1

10 Hadot, P., 『고대철학이란 무엇인가?』, 259쪽.

11 Marcus Aurelius, *Ta eis heauton*, 7.54.

12 Epicuros, *Vatican Sayings*, 14.

13 Horatius, *Odes*, 1.11.7. dum loquimur, fugerit invida aetas: carpe diem, quam minimum credula postero.

14 Plato, *Phaidon*, 67c.

15 Plato, *Phaidon*, 67e.

16 Marcus Aurelius, *Ta eis heauton*, 2.11.

17 Epictetus, *Encheiridion*, 21.

18 Marcus Aurelius, *Ta eis heauton*, 2.1: 2.5; 2.7.69.

19 불가타 『성경』에 '코헬렛'(1.2)에 나오는 구절에서 유래되었다고 한다. "헛되고 헛되도다, 모든 것은 헛되도다"(Vanitas vanitatum omnia vanitas).

V. 헬레니즘과 초기 그리스도교의 금욕주의

제2장 그리스철학과 그리스도교의 영혼 개념과 변천

1 고대 영혼 개념의 역사에 대한 자세한 논의는 다음을 참고하시오. 장영란, "제1장 영혼, 태곳적 기원과 개념에 대하여", 『영혼의 역사』, 글항아리, 2010, 32-138쪽.

2 엄밀히 근대적 의미의 자아나 주체는 아니며 '자기 자신'을 가리키는 데 영혼이라는 말을 사용하였다. 그렇지만 미셸 푸코가 『주체의 해석학』에서 사용하는 '주체'

는 근본적으로 그리스철학의 '자기 자신'과 맥락을 같이 하고 있다.

3 장영란, 『영혼의 역사』, 32-102쪽.

4 장영란, 같은 책, 321쪽.

5 Aristotle, *De Anima*, 405b 11-12.

6 18세기 예수회의 스카라멜리(Scarameli, G.B.)가 저술한 『수덕의 길』(1752)과 『신비의 길』(1754)에서 수덕과 신비라는 용어를 사용하여 영성의 두 영역을 설명하고 있다.

7 Philip Sheldrake, *Spiritual & History*, Maryknoll, 1998, p.50.

8 플라톤은 인간의 영혼(psyche)을 이성(logos), 기개(thymos), 욕구(epithymia)의 세 부분으로 구별한다. 튀모스(thymos)는 한국어로는 기개라 번역되지만 실제로 오늘날 영어로 번역될 때 spirit로 번역된다.

9 로마서 6:6, 에페소서 4:22, 24, 콜로새서 3:9 등

10 코린토 전서 2:15.

11 코린토 전서 15:44. 한국어 성서에는 프네우마티콘은 '영적인'으로 번역하고 프쉬키콘은 '육적인'으로 번역하고 있다. 프쉬키콘을 '혼적인'으로 번역해야 함에도 불구하고 정확한 용어를 선택하지 않은 것은 나름 이유가 있는 것으로 보이지만 더 많은 오해를 불러일으킬 수 있다.

12 장영란, 『영혼의 역사』, 48-135쪽.

13 Theophrastus ap. Simplicium, in *Physics*, 24, 26.

14 Aetius, 1.3.4.

15 Cicero, *De Natura Deorum* I.7.13.

16 Aristotle, *De Generatione Animalium*, 762a.

17 Aristotle, *De Generatione Animalium*, 736a-b.

18 Regnell, Hans, *Ancient Views on the Nature of Life*, Berlingska Boktryckerict, 1967, p.180. 아리스토텔레스가 영혼이 프네우마에 의존하다고 주장하는 것은 사

실이라 할 수 있다. 하지만 아리스토텔레스의 작품들 속에서 프네우마의 분명하고 일관적 이론이 있다는 것을 함축하는 것은 아니다.

19 Hahm, D.E., *The Origins of Stoic Cosmology*, Ohio University Press, 1977, p.142ff.

20 Hahm, D.E., *The Origins of Stoic Cosmology*, p.165.

21 프네우마와 프쉬케의 개념사적 접근과 연구는 다음 논문을 참조하시오. 오성종, "pneuma와 psyche: 인간론적 용어에 대한 개념사적 및 주석적 연구", 『신약연구』 4집, 2005, 159쪽 이하.

22 요한 3:8, 히브리서 1:7 등

23 욥기 12:10, 32:8 등

24 구약성서에서 네페쉬(nephesch)는 대개 영혼(soul)을 의미하고 신체 기관의 일부로서 목구멍이나 식도 등을 의미하며 인간 감정의 중심이다. 이것은 육체와 독립적으로 존재하기보다는 통합된 형태로 '살아 있는 인간'을 가리킨다. 바사르(basar)도 네페쉬처럼 인간 존재 그 자체를 말하지만 육신을 중심으로 표현한 말이다. 루아(ruach)는 하느님으로부터 부여된 인간을 살아 있는 네페쉬로 만들어 주는 것이다. "구약성서에서 '네페쉬'는 전체 통계 중에서 3%만이 하느님과 관련되어 사용되고 '바사르'는 하느님과 관련되어서 전혀 사용되지 않는데 반해서 '루아'는 훨씬 자주 하느님과 관련하여 사용되고 있다." 심상태, 『인간: 신학적 인간학 입문』, 서광사, 1988, 64-65쪽.

25 Wolf, H.W., *Anthropologie des Alten Testaments*, 『구약성서의 인간학』, 문희석 옮김, 분도출판사, 1976, 71쪽 참조.

26 시편 104:30. 그리스도교의 '영'이나 '성령'의 어원이 되는 라틴어의 스피리투스(spiritus)는 그리스어 프네우마(pneuma)의 번역어였다.

27 심상태, 『인간: 신학적 인간학 입문』, 67쪽 참조.

28 바울은 영혼 개념을 신체적인 것으로 재정의하고 영성 개념을 도입한 이후, 바울

의 용법은 그리스도교에서 일관적으로 사용되었다. 12세기까지 영성은 성령에 따라 사는 삶을 의미하였다. 특히 탁월한 영적인 삶을 살아가는 사막의 교부나 수도자의 삶의 방식을 지칭하는 용어로 주로 사용되었다고 볼 수 있다. 12세기 이후에는 신학이 발달되면서 신학이 영성과 대립되는 경향이 나타났다. 12세기와 13세기에 아리스토텔레스 철학에 기반한 스콜라신학이 발전되면서 신비적인 영성과 이론적인 신학이 구별되기 시작했다.

제3장 그리스철학의 영혼 훈련과 금욕주의

1 Plato, *Gorgias*, 507a.

2 Foucault, M., 『주체의 해석학』, 382-383쪽.

3 cf. Aristotle, *Ethica Nicomachea*, 1103a-b. "정의로운 일들을 행함으로써 우리는 정의로운 사람이 되며, 절제 있는 일들을 행함으로써 절제 있는 사람이 되고, 용감한 일들을 행함으로써 용감한 사람이 되는 것이다."

4 Plato, *Politeia*, 430e.

5 Plato, *Politeia*, 431a.

6 Plato, *Politeia*, 588c ff.

7 Plato, *Gorgias*, 507c-d.

8 Foucault, Michel, *Histoire De La Sexualite Volume 2: L'usage Des Plaisirs*. 문경자 외 역(1990). 『성의 역사 2: 쾌락의 활용』, 나남. 1984, 78쪽 참조.

9 Foucault, M., 『주체의 해석학』, 347쪽.

10 Foucault, 『주체의 해석학』, 345쪽.

11 Plato, *Nomoi*, 854b.

12 Plato, *Politeia*, 403c-404d.

13 Plato, *Nomoi*, 808b.

14 Plato, *Symposion*, 175a-b.

15 Plato, *Epistolai* VII, 331d.

16 Epicurus, *Kyriai doxai*, 29.

17 Epictetus, *Encheiridion*, 5.

18 Marcus Aurelius, *Ta eis heauton*, 3.11.

제4장 그리스도교의 영혼 훈련과 금욕주의

1 Elizabeth Clark, *Reading Renunciation: Asceticism and Scripture in Early Christianity*, Princeton University Press, 1999, p.18.

2 Athanasius, *Life of Antony*, 91.2. 아타나시우스, 『사막의 안토니우스』, 허성석 옮김, 분도출판사, 2015.

3 이냐시오 로욜라, 『로욜라의 성 이냐시오 영신수련』, 정제천 역, 이냐시오영성연구소, 2016, 12쪽.

4 정제천, 같은 책, 13쪽.

5 피에르 아도는 래보우가 로욜라의 이냐시오의 영성수련과 고대철학의 영혼 훈련의 유사성을 찾아낸 것은 중요한 업적이라고 여러 번 강조한다. Paul Rabbow, *Seelenfuhrung: Methodik der Exerzitien in der Antike*, 1954: Hadot, P., *Philosophy as a Way of Life: Spiritual Exercises from Socrates to Foucault*, trans. Chase, M., Blackwell, 1995, p.126.

6 아도는 철학의 훈련(askesis) 개념을 그리스도교의 '영성수련'(spiritual exercises)과 동일한 용어를 사용하고 의미를 재정의한다. 그렇지만 지금까지 고찰해 본 것과 마찬가지로 psyche-soul, pneuma-spirit라는 번역 개념들이 이미 서구에서 중세 이후 일반적으로 사용되고 있어 동일한 용어를 재정의해서 쓰기는 어려운 것 같다. 그리하여 필자는 '영혼의 훈련'에 대한 번역을 spiritual exercises가 아닌 practice of the soul 또는 exercises of the soul로 선택하였다.

7 Hadot, P., *Philosophy as a Way of Life*, p.126.

8 Plato, *Politeia*, 518d–e.

9 Plato, *Politeia*, 395c–d.

10 Plato, *Politeia*, 444d–e.

11 Aristotle, *Ethica Nicomachea*, 1099b.

12 Aristotle, *Ethica Nicomachea*, 1103a.

제5장 현대사회와 영혼 훈련의 의미

1 Foucault, M., 『주체의 해석학』, 358쪽.

2 Foucault, M., *The Use of Pleasure*, pp.10–11.

3 Nussbaum, M., *The Therapy of Desire*, P. 353.

4 Sellas, J., *The Art of Living*, p.118.

찾아보기

|ㅊ|

|ㅋ|

|ㅌ|

|ㅍ|

|ㅎ|